U0896799

本书是江苏省“十二五”规划课题“农村高中生物实践活动与乡土资源整合的研究”（项目号：D/2015/02/043）的主要研究成果。

乡土资源 润泽智慧

农村中学应用乡土资源进行生物教学实践的拓展

钱俊瑞 王书识——编著

江苏大学出版社
JIANGSU UNIVERSITY PRESS
镇 江

图书在版编目(CIP)数据

乡土资源　润泽智慧：农村中学应用乡土资源进行生物教学实践的拓展 / 钱俊瑞，王书识编著. —镇江：江苏大学出版社，2017. 12
ISBN 978-7-5684-0744-1

Ⅰ. ①乡… Ⅱ. ①钱… ②王… Ⅲ. ①生物课－教学研究－中学 Ⅳ. ①G633. 912

中国版本图书馆 CIP 数据核字(2017)第 330031 号

乡土资源　润泽智慧——农村中学应用乡土资源进行生物教学实践的拓展
Xiangtu Ziyuan　Runze Zhihui——Nongcun Zhongxue Yingyong Xiangtu Ziyuan Jinxing Shengwu Jiaoxue Shijian de Tuozhan

编　　著/钱俊瑞　王书识
责任编辑/张　冠　米小鸽
出版发行/江苏大学出版社
地　　址/江苏省镇江市梦溪园巷 30 号(邮编：212003)
电　　话/0511-84446464(传真)
网　　址/http：//press. ujs. edu. cn
排　　版/镇江文苑制版印刷有限责任公司
印　　刷/虎彩印艺股份有限公司
开　　本/718 mm×1 000 mm　1/16
印　　张/10. 75
字　　数/183 千字
版　　次/2017 年 12 月第 1 版　2017 年 12 月第 1 次印刷
书　　号/ISBN 978-7-5684-0744-1
定　　价/35. 00 元

如有印装质量问题请与本社营销部联系(电话：0511-84440882)

序

——让乡土资源启迪生物教育的智慧

吴举宏

生物世界千姿百态、绚丽多彩，生物学知识引人入胜，作为教育对象的中学生天真烂漫，充满奇思妙想，传授生物学知识的课堂也应该是生动活泼、妙趣横生的。生物教学中开展实践活动，可以开阔学生的视野，活跃学生的思维，提升学生的生物学科素养，提高课堂教学的实效性。同时，生物实践活动有利于帮助学生树立积极的生活态度，掌握良好的研究方法，还可以让师生体会学习的价值，是一种新型教学境界的尝试。

一、生物学教学必须高度关注实践

爱因斯坦说过：兴趣是最好的老师，它永远胜过责任感。中学生物教学中开展丰富多彩的实践活动，可以提高学生的学习兴趣，把理论知识与实际结合起来，有利于知识的掌握。提高学习兴趣，仅仅靠说教式的语言难以达到最佳效果，必须通过多种多样的实践活动予以激发。实践活动开展的形式可以多样，可以在课堂内进行，也可以在课堂外进行；可以针对课本知识进行，也可以结合课外知识进行；可以动手实践，也可以思维实践。学习需要参与、体验、经历和感受。教学过程必须高度关注学生学习过程中的实践经历，强调学生学习的过程就是主动参与的过程，让学生积极参与动手和动脑的活动，通过探究类活动来完成生物学课程的学习任务，加深对生物学概念的理解，提升应用知识的能力，进而能用科学的观点、知识、思路和方法，面对或解决现实生活中的某些问题。

二、教育资源是教育创新的物质基础

教育实践活动的开展必须依靠各种教育资源作为物质基础。教育资源种类繁多，常用的教育资源有：学校的各种教育资源、社区的教育资源、学生家庭中的教育资源、媒体教育资源、信息技术教育资源、乡土资源等。这些资源只要利用合理，都会对课堂教学起到锦上添花的作用。

三、乡土资源是宝贵的生物实践资源

陶行知先生曾说："生活即教育。"在他看来，教育与生活是同一过程，教育含于生活之中，教育必须与实践活动相结合才能增强教育的有效性和针对性。乡土资源可以为中学生物实践教学提供广阔的应用空间，是宝贵的生物实践活动资源。乡土资源通常是指具有某个地域特征的各种资源，中学生物教学中可以利用的乡土资源主要有本地的生物资源、生态资源及具有乡土特色的环境资源、乡土文化资源等。

四、乡土资源启迪教育智慧

学生获取知识是一个主动的过程，不是一个单纯的接受过程，正如古希腊一位哲人所说："头脑不是一个要被填满的容器，而是一把需要被点燃的火把。"开展丰富多彩的实践活动，就相当于经常为火把提供火种。课程中，可以灵活运用乡土资源，丰富生物学课堂结构，增加学以致用的机会，给学生更多亲身经历和体验的机会，有助于学生发现问题、提出问题及分析问题能力的提高，另外，还有助于培养学生热爱家乡、关心家乡、回馈家乡的情感。由此，乡土资源在生物教学中的适当应用，既有助于学生的教学实践，又能启迪师生的教育智慧。

教育是人类自身的教育。提高受教育者的综合素质，促进人类社会进步是教育的目的。利用乡土资源，创新实践活动是主体参与的教育，是真实情境教育，是快乐教育，也是创新思维教育的积极尝试。

教育创新源于教育实践。教育是一项具有创造性的事业，教师须具有教育智慧，才能使自己从事好教育的创造活动，培养出学生的创造能力。教育智慧来自于不断的实践、深入的研究、经常的反思和有效的合作。教育实践是教育创新和教育发展进步的源泉，只有在教育实践中，才能发现教育中存在的问题，找出不足；只有在教育实践中，才能吸取教训、总结经验，不断进步；只有在教育实践中，才能找出教育规律、因材施教，实现教育目标。钱俊瑞老师勤于探索，勇于创新，多年来，一直尝试在中学生物教学和研究过程中开展实践活动，取得了令人瞩目的成果。

《乡土资源　润泽智慧——农村中学应用乡土资源进行生物教学实践的拓展》就是中学生物教学实践成果的总结。

愿该书成为大家与钱俊瑞老师一起研究中学生物实践教学的“火种”，也祝愿钱老师以此为新的起点，踏上探索生物教学的新路程。

是为序！

2017 年 10 月

（作序者系江苏省教育科学研究院教授级中学高级教师、江苏省特级教师）

目 录

第 1 章　生物教学实践活动与乡土资源整合的实践意义　/ 1

1　中学生物教学的基本特征：观察与实验　/ 2
2　生物课程教学组织的基本要求　/ 6
3　农村中学生物教学实验条件的窘境　/ 13
4　丰富的乡土资源为生物教学提供了理论教学与实践认知的广阔空间　/ 15
5　生物教学实践活动与乡土资源整合的现实意义　/ 17
附：盱眙地区乡土资源的调查　/ 20

第 2 章　生物教学实践与乡土资源整合的 WSW 新模式　/ 43

1　WSW 教学模式　/ 44
2　中学生物实践活动 WSW 模式的构建　/ 56
3　中学生物实践活动 WSW 模式的实施　/ 57
4　中学生物实践活动 WSW 模式的评价　/ 58
附：抽样问卷调查表　/ 63

第 3 章　WSW 新模式的教学实践研究　/ 65

1　认识校园植物并制作标识牌　/ 66
2　认识和培养平菇　/ 70
3　草莓的培育　/ 73
4　果酒、果醋的制作　/ 76
5　美味腐乳　/ 79

第 4 章　生物教学实践与乡土资源整合 WSW 模式拓展　/ 81

1　丰富多彩的乡土植物及标本制作　/ 82
2　品种繁多的乡土动物及标本制作　/ 87
3　动植物标本的保存　/ 91
4　利用乡土资源进行生物模型的制作　/ 93
附：中学生物教材中实践活动与实验的分类研究　/ 102

第 5 章　中学生物实践课程教案设计　/ 111

案例 1　草莓种植与培育实践活动教案设计　/ 112
案例 2　植物蜡叶标本的简易制作　/ 114
案例 3　制作有图案的叶片书签　/ 118
案例 4　生物实践活动教案设计　/ 120
案例 5　叶脉书签的制作　/ 123
附 1："叶脉书签的制作"活动反馈问卷　/ 127
附 2：生物科技活动与科技小论文——生物实践教学的升华　/ 128

第 6 章　农村中学应用乡土资源进行生物教学实践的拓展　/ 143

案例 1　关于盱眙生态环境污染情况的调查　/ 144
案例 2　关于盱眙生物资源及开发利用情况的调查　/ 147
案例 3　关于盱眙县马坝镇人群中遗传病的调查　/ 149

参考文献　/ 153

后记：相遇在研究的路上　/ 157

第1章 生物教学实践活动与乡土资源整合的实践意义

1. 中学生物教学的基本特征：观察与实验
2. 生物课程教学组织的基本要求
3. 农村中学生物教学实验条件的窘境
4. 丰富的乡土资源为生物教学提供了理论教学与实践认知的广阔空间
5. 生物教学实践活动与乡土资源整合的现实意义

❶ 中学生物教学的基本特征：观察与实验

1.1　观察

(1) 观察及观察的特点

观察是指人们通过感官或借助于仪器，有目的、有计划地感知和描述观察对象，从而获得科学事实的一种研究方法。观察有以下特点：

① 观察是一种感性认识活动。

② 观察具有目的性和计划性。

③ 观察是一种多感官同时参与的活动。

(2) 观察的基本方式

① 根据观察手段和方法的不同，观察可以分为直接观察和间接观察。

直接观察凭借人的感官直接感知研究对象，而不借助于仪器。优点是方便、干扰少，比使用仪器具有直观的现实性。缺点是对于高难度的研究对象，在一定条件下受到感官的限制而不能达到目的和效果。

间接观察也叫仪器观察，是指借助于仪器或其他技术手段间接地从外部获取感性材料的方法。优点是拓展了人类的感官，扩大了感官的范围和种

学生正在校园里兴致勃勃地进行教学实践

类,提高了观察的精度和准确性,使人们对于自然界的认知能力有了很大的提高。缺点是仪器的复杂性和干扰性容易带来认知上的错觉和误会。

② 根据观察的性质和内容的不同,观察可以分为质的观察和量的观察。

质的观察即性质观察,是考察事物是否具有某种属性或特征,以及与其他事物是否具有某种性质联系的一种观察方法。

量的观察即对研究对象的某些性质和特征进行数量上的描述和测定的一种观察方法。

1.2　实验

(1) 生物实验设计的八大原则

实验教学需进行符合教学认知规律的教学设计,实验设计的基本原则包括:

① 科学性原则;

② 对照性原则;

③ 简便可行性原则;

④ 单因子变量原则;

⑤ 随机性原则;

⑥ 可重复性原则;

⑦ 平行重复原则;

⑧ 安全性原则。

学生自主进行实践和实验

(2) 实验设计的内容

一个比较完整的实验设计方案,一般包括以下五方面内容:

① 确定实验目的;

② 提出假说;

③ 设计实验方法和步骤;

④ 提出实验的预期结果;

⑤ 确认观察和收集的数据和方法。

(3) 实验设计的基本方法

一般情况下,教学实验设计遵循的基本方法和基本流程是:

① 了解实验目的;

② 明确实验原理;

③ 确定实验思路，即：

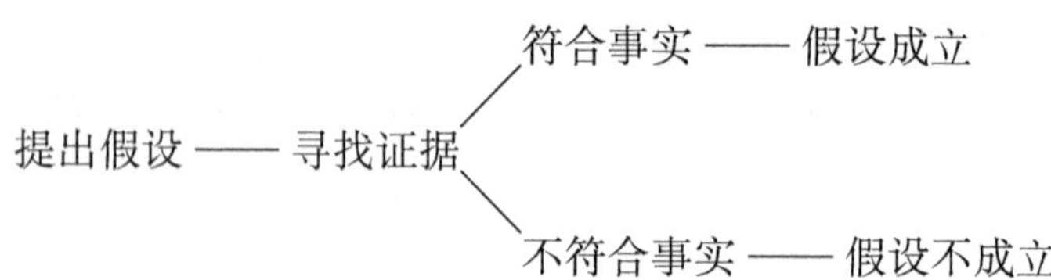

④ 设计方法步骤；

⑤ 记录实验现象和数据；

⑥ 分析得出科学结论；

⑦ 推论；

⑧ 交流。

(4) 科学探究性实验的基本步骤

科学实验一般分为探究性实验和验证性实验。将探究性实验应用于生物教学更有利于学生的创新思维培养，其基本实验步骤有：

① 发现并提出问题；

② 做出假设；

③ 制订实验计划；

④ 进行实验；

⑤ 得出结论；

⑥ 表达与交流。

1.3　生物教学实践活动——兼容观察和实验的教学方式

生物教学实践活动是兼容了观察和实验的教学模式，它结合了教材知识学习与当地生态资源考察实践活动，采取多种多样的观察和实验相结合的教学形式，按照符合教学规律的科学模式进行，能起到非常好的教学效果。

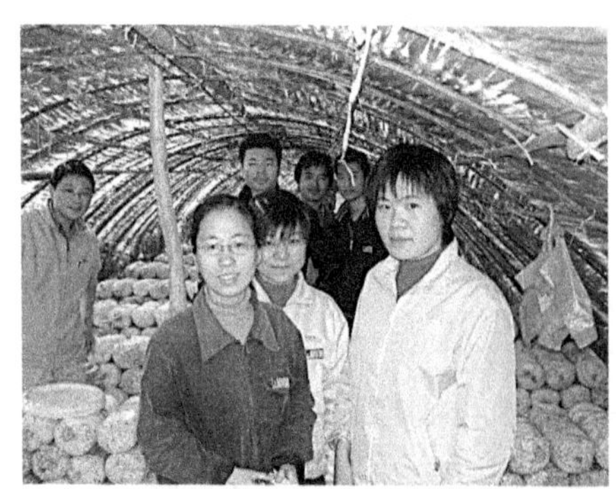
在平菇培养基地参观

常见的可以经常开展的生物教学实践活动的形式有以下几种：

(1) 实地参观

现实环境中有一些规模较大的

生态资源，如自然植被及规模化的农产品养殖场、农场、苗圃等，但学生自己很难动手进行操演实验。可以组织学生进行实地参观，参观后可要求学生写心得体会和感想，并且通过相互交流与成果展示进一步引导学生进行探究式思考。

（2）制作生物结构模型

教师可以组织学生通过观察思考和动手操作，用简单易得的材料制作生物整体或部分结构模型，如制作细胞模型、制作某些细胞器的结构模型、制作DNA 结构模型等，使学生进一步加深对生物结构的认识和理解。

（3）撰写小论文

对教材中涉及的比较前沿的知识点或能引起学生研究兴趣的知识点，教师可组织学生撰写小论文，在撰写过程中锻炼学生的观察能力、思考能力、查阅资料的能力，然后可以对小论文进行交流、展示，以达到认知水平再提高的目的。

（4）生物和生态调查

可以针对某种环境中的生物进行调查，也可以针对环境条件进行调查，还可以对人的某种生理特性或疾病进行调查，撰写出调查报告，总结出具有知识学习和参考价值的信息资料，供有关单位或政府部门参考。

（5）采集和制作标本

教师可根据当地的生物资源特征，在不破坏生态稳定的情况下，组织学生采集和制作一些标本，如植物、昆虫标本的采集和制作，这既可激发学生对大自然的兴趣，又可丰富生物课程知识。

（6）实验操作及改进

教材中的实验最好能让学生自己动手操作，这样既能强化其对实验原理和过程的理解，同时还能培养学生的动手能力、科学探究的思维和实事求是的科学精神。在条件允许的情况下，可以组织学生对教材的实验内容及过程进行调整，用更简单易得的材料和方便快捷的方法完成实验，这种实验改进会使得教学效果更佳。

（7）动植物的培养和培育

让学生尝试去饲养一些小动物，探索其生活规律和生存的条件，让学生亲身感受生命的珍贵，体会生命的价值。通过植物栽培了解植物生长的基本规律，让学生感受劳动和收获的关系，认识植物对生物界的价值，同时也可以进一步对所学内容进行引申和思考。

另外,还可以引导学生进行生物游戏、摄影比赛、专题讲座、野外实习等实践活动。总之,只要开动脑筋,注意观察和思考,生物教学实践活动的形式和内容就会变得丰富多样。只要做有心人,从教材中、生活中、自然界中去发现、思考,就一定会有自己的收获,从而使生物实践教学活动开展得有声有色。

小组合作实践

生物教学实践活动让学生在活动中学习、掌握和运用知识,真正成为学习的主体。在活动中应最大限度地发挥学生的主观能动作用,培养学生实事求是的科学态度、不断探索求知的精神,促进学生个性的充分发展,提高其综合素养。教师要树立“以学生发展为本”的理念,不断潜心研究课堂教学,努力丰富生物实践活动内容,切实改进实践活动的方式,真正充实实践活动的内涵,使生物实践活动更有利于为中学生物教学服务。

② 生物课程教学组织的基本要求

2.1 科学制订教学计划

(1) 依照标准,立足学科核心素养

根据生物学科课程标准和学科核心素养的要求,立足教学要求和学生实际,任课教师应于开学前制订所任年级生物学科教学的工作计划。

(2) 内容具体,符合教学实际

教学计划的内容包括:① 学生情况分析;② 教材分析;③ 学年或学期教学目标、教学重点、难点;④ 教学进度(周课时安排、单元测试及期中、期末考试时间安排,以及学科实践活动等);⑤ 课题研究计划;⑥ 生物兴趣小组建设与辅导;⑦ 生物竞赛辅导;⑧ 教师业务学习内容;⑨ 促进教学实施的主要措施;⑩ 教学中应重点注意的问题。

教学计划应突出针对性、实效性,表述可采用文字加表格相结合的方式。

2.2　精心备课

(1) 做好九个研究

深入研究生物学科课程标准、学科核心素养、考试说明(大纲)、教材、教学参考书(教师用书)、教辅资料、相关论文、学生、有关网络知识等九个方面,为进行课堂教学奠定基础。

(2) 有效开展集体备课,充分利用集体智慧

① 集体备课要在个人备课充分的基础上进行。集体备课主要分单元集体备课和课时集体备课。

单元集体备课。基本内容包括:明确单元教学主题,理解单元教材编写意图,确立单元教材总体教学目标,理清节与节、节与单元(章)、单元(章)与单元(章)之间的内在联系,明确课时安排,按照循序渐进的原则,设计单元(章)学习策略,等等。

课时集体备课。基本内容包括:对教材的分析研究,教学目标、教学重点、教学难点的确立,疑难的解决策略,教学过程、步骤的设计,教学方法的选择,教学活动的组织安排,教学手段的运用(特别是实验的运用),板书设计,习题设计和作业,等等。

② 集体备课应注重研讨评议。集体备课应加强教师之间的研讨交流,突出重点单元和重点课时的研究,突出实验的研究和运用,采用教材辅导、说课、演课、示范课观摩等多种形式,保证备课的效果。

③ 集体备课要做到“四个重”:重基础、重活动、重细节、重规范。

(3) 全面掌握学情,关注学生的“学”

深入研究本年级和各班学生学习现状,分析学生的知识基础、生活基础、学习态度和需求,注重学生的个性差异,预测学生的学习障碍并准备应对策略,设计最佳教学方案,激发学生的学习兴趣,切实保证教学效果。

(4) 让学生经历和体验

以活动为载体,注重学生的操作经历、亲身感受和体验,充分做好实验和实践活动的准备。重点做好以下几项:

① 演示实验。进课堂前教师要进行全面演示,力求万无一失,达到最佳效果。

② 分组实验。任课教师要和实验室教师合作,做好一切实验准备工作;为帮助学生认知和理解,培养和提高学生的实验素质和实验能力,帮助学生

突破教学难点，教师还应精心设计一些补充实验。

③ 家庭小实验。根据学校和家庭实际，教师应组织好家庭小实验，拓展知识面，培养学生的能力，提高学生的学习兴趣。

④ 实践活动。教师应尽最大可能为学生创造实践活动的机会，使之能够亲身感受和体验。

学生亲身体验平菇的培育

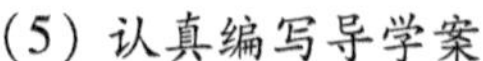

(5) 认真编写导学案

导学案是教案、学案的融合，是实践教学的抓手。

① 教案。教案是教师执教的基础，应在充分进行集体研讨、把握课程标准(教学大纲)的要求、深刻领会教材内容、准确把握学情的基础上编写。每篇教案应包括课题、教学目标、教学重点、教学难点、教学手段、教学活动过程设计、教与学的组织形式、训练题的设计、板书设计、教后记(教学反思)等内容。

② 学案。学案从学生“学”的角度进行设计。时刻关注学生的“学”，倡导自主学习、合作学习、探究学习。

③ 导学案。导学案以引导学生的“学”为主，要兼顾教师的“教”和学生的“学”。导学案编写应做到认真规范、环节齐全。形式可灵活多样，鼓励采用现代信息技术丰富备课形式，内容可采用叙述式、框架式等多种方式呈现。

④ 教学目标的厘定。以课程标准和学科核心素养为准绳，教学目标要全面准确，涵盖知识、技能、方法和情感、态度、价值观等方面的发展目标；教学活动过程设计是教案的主体部分，应充分体现学为主体的思想，重视教与学双边活动过程体现，注重教学组织形式的设计，体现师生之间的交流互动，变教案为学生学习的学案，最好融合成“导学案”。

(6) 合理使用各种教学资源

根据教学实际需要，充分利用现有条件，搜集与教学有关的资料，丰富完善教学内容，拓宽生物教学途径。采用信息技术、实物、图片、模型、实验等手段，改革教学内容呈现形式，加强教学的直观性和趣味性，提高教学效率。

正确使用教学参考资料，准确把握教材，密切结合学情，科学合理地设计

教案，杜绝从教学参考书中直接照抄教案或网上直接下载教案。

2.3　认真组织课堂教学

(1) 突出学生的主体地位，关注学生的“学”

课堂教学是生物教学的主渠道，是提高教学质量的重要环节。要改变教学中过于重视知识传授的倾向，引导学生主动参与、乐于探究、勤于动手，培养学生积极主动的学习态度，使其形成终身学习的习惯和能力，实现教师教学方式和学生学习方式的双向转变。

学生在自主探究和实践中学习

(2) 树立良好教学形象

课任教师上课前3分钟在教室外等候，按时上下课；课堂教学中，教师要衣着得体、仪表端正，教态亲切自然；教学要使用普通话，教学用语准确、简练、生动；板书要规范、条理、清晰、美观。严格按照《中小学教师师德规范》的要求进行教学活动，文明施教。

(3) 聚焦学科核心素养，全面落实教学目标

时刻以学科核心素养为指南，定位好教学思路，厘定好目标并认真落实。课堂教学目标全面、明确。实现知识与能力、过程与方法、情感态度与价值观“三维目标”的有机结合和统一。教学活动要围绕教学目标，逐步展开，条理清楚，层层递进，逐个达成各级教学目标。

(4) 重视实验，倡导多去实践

课堂实验操作规范；现象正确、明显，可见度大；指导观察细微；结论推断过程严密。坚决反对讲实验或不做实验。教师要根据学生和学校的实际，大胆探索，认真研究，把验证性实验改为探究性实验，把演示实验改为分组实验，增加一些补充实验和家庭小实验，培养学生探究能力、创新能力、实验操作能力和学习生物的兴趣。多给学生创造实践的机会，倡导多实践、多体验。

(5) 课堂结构的合理流程

教师要转变课堂角色，积极创建有利于学生自主学习、合作学习、探究学

习的课堂模式,加强师生之间、生生之间的交流与互动,促进学生主动地、富有个性地学习,严禁“满堂灌”;严格控制授课时间,反对讲练脱节和僵化、死板的课堂教学形式。

(6) 改革教学组织形式

要灵活运用个人自学、小组合作、集体学习等组织形式,使学生积极充分地参与学习活动,使学生思维积极活跃,活动充分,使教学信息反馈渠道畅通,教师引导及时准确,从而确保课堂教学的高效率。

(7) 积极创设民主平等的课堂氛围

教师教学态度真诚亲切,尊重学生人格,与学生进行平等交流,建立开放、包容、和谐的师生关系;学生学习心理安全、自由,在课堂上敢想、敢说、敢做、乐学,师生关系融洽。在教学过程中,提倡强化问题意识,让学生自由探讨、积极思维,鼓励学生大胆提出问题,激发学生的创造能力,让学生能有自己独特的感受和见解,培养学生的创新精神。

(8) 使用现代教学手段,提高课堂教学效果

充分利用信息技术整合教学资源,丰富教学呈现形式,加大课堂信息容量,增强教学的趣味性,建立开放、高效的课堂教学体系,实现教师教学方式和学生学习方式的根本变革。

2.4　根据学情,选择、设计和布置作业

(1) 精心选择习题,分层设计作业

作业分为课堂作业和家庭作业两类。作业设计要符合课程标准和学科核心素养要求,作业布置应做到科学适量,充分考虑到学生的年龄特点、承受能力。课堂作业一般应做到当堂完成,家庭作业应精练高效,杜绝让学生机械重复抄写,增加学生课业负担。

(2) 作业设计布置应注意学生的差异,体现选择性

鼓励实行分层分类设置作业。要创新作业形式内容,体现开放性。应根据生物学科的特点,设置小试验、调查报告等作业,既要重视课后作业的布置,也要重视课前预习作业、课上作业的设置;作业量适中。

(3) 认真批改作业

教师要认真及时地批改学生作业。做到“四有四必”:有发必收,有收必改,有改必评,有错必纠。提倡面批、应情而改,要注意指导学生自批或互批,

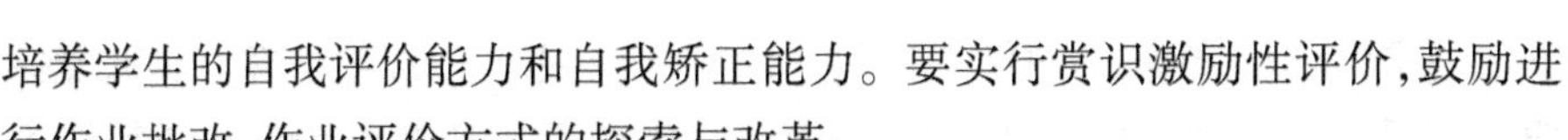

培养学生的自我评价能力和自我矫正能力。要实行赏识激励性评价，鼓励进行作业批改、作业评价方式的探索与改革。

2.5　进行生物学科实践活动与课外辅导

(1) 围绕提高学生的生物学科综合素养，开展丰富多彩的学科实践活动

生物学科实践活动的内容包括实地参观、制作模型、采集和制作标本、研究性学习、书写小论文、实习、调查、搜集和处理信息、交流观察收获等，尝试用生物知识解决各种各样的实际问题。

(2) 重视加强课外辅导与指导

根据学生的不同情况，选用适当的方式进行辅导。对学有余力的学生，通过组织学科兴趣小组定期开展活动，拓展学生学科知识视野，帮助他们发展学科特长；对学有困难的学生，及时进行跟踪指导，弥补知识缺陷，帮助他们达到基础知识学习的基本要求。课外辅导应做到随机辅导与定期辅导相结合，个别辅导与集体辅导相结合。

2.6　教学评价

教学评价是教学工作的重要环节，教学评价应以促进学生全面发展和教师的专业发展为根本目的。

生物学科评价根据评价的功能可分为诊断性评价、形成性评价、终结性评价三种形式。

诊断性评价也称为教学前评价或前置评价，通过评价可以了解学生学习的准备情况，也可以了解学生学习的困难所在，便于对学生个别指导。

形成性评价是在教学过程中为改进和完善教学活动而进行的对学生学习过程及结果的评价。它包括在一节课或一个课题教学中对学生的口头提问和书面测验。实施形成性评价应严格落实单元过关制度，认真组织单元测试。通过测试，引导学生开展自我反思，学会肯定成绩。发现不足。学科教师根据评价情况组织补偿教学，调整改进教学过程。形成性评价要做到经常及时。其内容包括：学生课堂表现、作业完成、学习习惯、学习情感、参加活动表现等。要根据学生的日常学习表现，及时形成评价记录。评价应以激励性评价为主，帮助学生认识自我、建立自信。应提倡建立学生成长记录袋。

终结性评价是在一个大的学习阶段、一个学期或一门课程结束时对学生

学习结果的评价,也称为总结性评价。认真组织期末考试与考核。期末考核要全面反映学生的生物学科水平,书面考试内容要做到考察知识与考察能力并重,注重体现反映学生综合运用所学生物知识的能力,特别是学生的创新、合作、探究能力。

应积极进行教学评价内容方式的改革,建立科学的多元化生物教学评价体系。评价要努力体现评价主体的多元化和评价方式的多样性。将自我评价、学生互评、教师评价、家长评价、社会评价有机结合,采用书面考试、作业分析、课堂观察、课后访谈、综合作业、活动报告、建立成长记录袋等多种形式对学生进行评价。

2.7　积极开展教学研究活动

教学研究是教育教学质量的第一生产力。

(1) 加强学科教研组织建设,积极开展常规教研活动

生物教研组和备课组是开展生物教研活动的基层组织。教研组要于每学期开学前制订学科教研活动计划,根据计划安排,定期开展教研活动;备课组要及时、认真地做好集体备课,以及组内学习和研讨活动。

(2) 教研活动的主要内容

① 组织学科业务学习,认真学习教学理论和先进教学经验,提高自身专业水平。

② 组织课堂教学观摩学习活动。生物教师要主动积极地参加听课、评课活动,每学期听评课不少于 20 节,定期开展课堂教学汇报交流活动。骨干教师要上示范课,三年以上的教师要上公开课,三年以下的教师要上汇报课,教师们相互学习、共同提高。

③ 积极参加各级各类教学研究、评选、比赛活动。

④ 及时进行教学反思,总结教学经验,撰写教学论文、教学总结,形成教研成果。每位生物教师每学期至少要写一篇教学经验、教学总结或论文,学科带头人、骨干教师每学年至少发表省级以上论文一篇。

(3) 积极进行教学改革实验,提倡实践与实验相结合

加强生物学科的课型研究,探索符合新课程理念的生物教学,提高生物教学效果,全面培养学生的生物科学素养。围绕生物教学中的热点、难点问题,结合教学实际,积极开展课题研究,提高教学效益。选题应坚持问题即课

题的原则，从教学的实际问题出发，突出体现新课程教学理念；要以转变教学方式和学习方式为重点，提高实验的实效性、针对性。

（4）利用乡土资源、校本资源开展教学研究

乡土资源、校本资源在教学资源中应用潜力很大，利用乡土资源、校本资源开展生物教学研究具有很广阔的研究空间。

（5）课题研究

教师应主动承担教改实验课题，积极开展各级课题研究；各学校可以建立教改实验档案，将结果纳入教师教学工作考评。

3　农村中学生物教学实验条件的窘境

3.1　生物实验条件不足，实验开出率低

很多农村学校生物实验室数量不足，有些学校虽然有生物实验室，但实验设施和设备陈旧，器材和实验药品得不到及时更新和补充。比如，江苏省盱眙县有一所规模较大的初中学校，真正能够使用的光学显微镜还不到 5 台。实验经费缺乏、实验仪器和试剂不足等客观因素导致农村中学实验开出率低，如在观察血液组成时，缺少柠檬酸钠；观察眼球结构模型时，缺乏可拆装的眼球结构模型；观察蛔虫卵时，缺少显微镜和蛔虫卵永久装片；等等。

3.2　师资力量贫乏，专业素养不高

生物教师非职业化、非专业化现象普遍，实验教学无法深入。调查显示，在盱眙全县，生物教师存在教龄偏大、学历偏低、人才流失等问题，几年时间中，多名生物教师改教化学。农村初中学校，原先的生物教师编制紧张，加上生物学科在中考和高考中所占分值和比例不高，生物教师编制与专业化的矛盾更加突出。在生物教师缺乏的情况下，还存在很多非生物专业的教师，或者部分生物教师虽然有生物学背景，但是重理论、轻实验、实验基本操作技能较差，如在显微镜的使用中，操作不规范，低倍镜换成高倍镜后找不到物象，或是不能正确指出各部分的具体作用。面临新的理念及新课标下的教学要求，部分教师力不从心，缺乏接受新事物和与时俱进的能力，实验教学开展无法深入。

3.3 绝大多数农村学校没有专职生物实验员

很多农村学校总是让生物教师兼任实验员。专职生物教师由于平时教学工作量大,空余时间少,有的甚至因为职业倦怠,不能精心准备学生的各种实验,生物实验开设率低。有的学校的学生,几年的中学生物学习中,甚至连一次亲身生物实验的机会都没有。

3.4 部分学校的领导不重视实验教学

部分学校的领导对实验教学不够重视,认为利用多媒体辅助教学同样能够图文并茂,使学生看到实验过程和结果,能够起到相同的作用。然而,多媒体辅助只能使学生更注重死记硬背,不能得到亲身感受和体验,也不能培养学生在实验过程中的科学思维和创新思维。

3.5 生物教师教学观念落后,学生意识淡薄

虽然生物新课改在全国各地如火如荼地进行,但在一部分农村中学,生物教师对实验极不重视,教师只局限于实验的课堂讲述,把做实验变成了讲实验,把实验室的实验变成了黑板上的实验,把学生实验变成了老师实验,完全失去了开设生物实验课的意义。有的老师甚至连演示实验也不做,只是照本宣读,不重视学生能力的全面发展。这造成了学生对生物学科学习不重视的情况越来越严重。

3.6 地方课程资源未能得到有效开发利用

新课程始终提倡让学生动手、动脑,要求教师指导学生自主探索与实践。利用农村地区优势资源,开展生物探究实验,既符合生物教材对知识的要求,也符合农村地区实际情况。在农村地区,可用于生物探究实验的材料丰富多样。如探究种子萌发所需条件,认识各种动植物、观察它们的生长环境和生活习性,调查本地河流受污染情况,等等。在生物教材中,有调查本地酸雨情况等活动,这些活动完全可以在农村地区开展。一方面,教师可自制实验仪器和教具,如制作动植物标本;另一方面,因地制宜,勤动脑、勤动手,也可保障生物实验的顺利开展。如关于实验用的材料,可以发动学生利用当地特有的、丰富的生物资源自己动手采集,这既解决了材料的来源问题,又丰富了学生的生活经验,锻炼了学生的能力,陶冶了学生的情操。

但在现实中,地方课程资源的开发有限。课程作为一种资源,一般可分为校本课程资源、教师课程资源、综合实践课程资源。就教师课程资源的开发而言,新课程强调学科教学内容要具有开放性、交叉性、整合性、综合性,所以,教师必须要有足够的课程资源可供利用、选择、开发,必须要有充分的知识库来让教师获取"营养"。但农村学校由于受地域、经济、硬件等条件的限制,可获取的知识和信息资源极为有限。许多学校没有校园网络及教学多媒体,也缺少相应的图书和标准实验室。有限的图书得不到及时更新和有效利用,学生人均占有实验仪器量和电脑数量极少。这样,学生学习的实践性便不能很好地体现,地方课程资源也得不到有效开发和利用。

4　丰富的乡土资源为生物教学提供了理论教学与实践认知的广阔空间

生物世界丰富多彩,生物学知识妙趣横生,作为教育对象的中学生天真烂漫,充满奇思妙想,传授生物知识的课堂也应该是生动活泼、充满乐趣的。从教学改革发展的趋势来看,学习的最终目的还是让学生走向社会,走进生活,让学生利用所学到的知识来解释和解决生产和生活中遇到的问题。利用丰富的乡土资源进行实践活动教学可以帮助学生树立正确的世界观,养成良好的学习品质,提高交流合作的能力及提出问题的能力。

4.1　乡土资源从理论上可以为生物教学提供充分的资源保障

(1) 马克思主义"实践第一"的理论提倡学习过程中开展实践活动,乡土资源可以为师生实践活动提供丰富的教学资源。

(2) 陶行知的"生活即教育"理论倡导在生活中、实践中学习。乡土资源可以为生物教学提供丰富的生活实践素材和条件。

(3) 当代素质教育理论认为,学生综合素质中的关键能力是应用能力、动手操作能力的培养。乡土资源可以为生物教学中应用能力、动手操作能力的培养提供物质保障。

(4) 核心素养理论提出,全面发展的人必须在自主发展、社会参与、文化素养方面都能够协调发展。生物学科核心素养包括生命观念、科学探究、社会责任、理性思维四个方面。乡土资源既可以为生物教学提供塑造学科素养的实践资源，还可以为生物教学提供必要的生态成长环境。

（5）课程标准注重实践活动。乡土资源是重要的实践活动课程资源。

（6）课程改革纲要中“综合实践”的理论认为，在实践参与中对学生综合素质的提高促进更快。

4.2 丰富的乡土资源是简便、易得、实用的生物课程资源

（1）乡土资源具有直观性，可以降低学生的认知难度

例如，在中学生物课程“微生物的培养”一节教学中，如果教师只是一味地讲解，不去进行实践操作，学生对微生物培养过程中的一些细节就很难认知和理解。比如在江苏省盱眙县，老师带领学生到平菇培养基地去开展实践活动，轻松地解决了这样的问题，实践中还增强了学生学习生物课程的兴趣，提高了学生的思维能力和团队协作观念。

（2）乡土资源获取方便，减少了生物教师教学准备的工作量

在进行“植物的分类”教学时，充分利用校园内或者本地各种乡土植物作为教学实践的对象，往往会取得事半功倍的效果。

（3）乡土资源经济成本相对较低，可以就地取材，降低不必要的消耗

如进行“苔藓类植物”教学时，在校园附近就能轻松地获取多种教学实践样本。在进行“蕨类植物”教学时，可以到盱眙县第一山国家森林公园、都梁公园等处获取教学实践活动的材料，经济成本很低。

（4）乡土资源加工处理灵活，减少了运输、过程管理等环节

充分利用乡土资源配合教学，因地制宜，方便灵活，可以节约运输保存过程中的成本和过程消耗。

（5）乡土资源具有地方特色，可为教学过程提供亮点

盱眙地处淮河下游的洪泽湖畔，境内有山有水，地形多种多样，动植物资源非常丰富。据不完全统计，其中野生药用植物就有700多种，牧草资源有4万多公顷，还有特色龙虾、双色冰激凌西瓜、生态绿茶等地方特色物种，这些都为中学生物教学实践活动增添了特色和亮点。

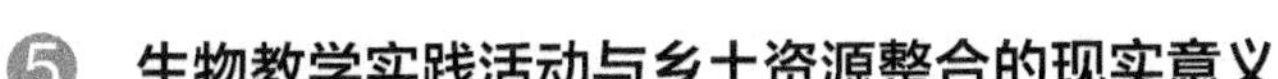

5 生物教学实践活动与乡土资源整合的现实意义

5.1 实践活动开展的价值

(1) 新课程标准提倡开展实践活动

《普通高中生物课程标准》提倡教学过程中注重与现实生活联系，即提倡开展实践活动。生物学是一门以实践为基础的自然科学，它是农业、医药、环境及其他有关科学和技术的基础。《普通高中生物课程标准》要求，通过高中生物课堂的学习，学生在以下几个方面获得生物科学素养：获得生物科学和技术的基础知识，了解并关注这些知识在生活、生产和社会发展中的应用；提高对科学和探索未知的兴趣；养成科学态度和科学精神，树立创新意识，正确认识人与自然的相互关系。在教学过程中，要达成这些目标，只学习理论，不进行实践，不在实践中体会和认识，是很难实现的。实践活动可以帮助学生找到理论知识加以实践应用的支点，增强教学效果，引发学生的创新思维。

(2) 社会发展对人才的需求要求中学生物教学开展实践活动

当今社会飞速发展，对人才的要求较高，需要具备动手能力强、创新能力强、综合素质高的复合型素质。我国在 20 世纪的较长一段时间内受应试教育的影响，从学校培养出来的学生理论知识比较丰富，但是实践操作能力弱，即所谓的高分低能，不能适应社会对人才的要求。《中国教育改革和发展纲要》指出：中小学教育要面向全体学生，全面提高学生的思想道德、文化科学、劳动技能和身体心理素质，促进学生全面发展。要提高劳动技能，就要进行实践活动。现在的中学生，将来就是祖国的建设者和接班人，今天如果不培养他们的实践能力，将来他们就无法成为合格的建设者。因此，在教学过程中适时开展实践活动，也是培养合格人才的需要。

(3) 高中生物实践活动有助于提高学生的生物科学素养

生物科学素养是公民科学素养构成中的重要组成部分，一般是指公民参加社会活动、经济活动、生产实践和个人决策所需要的生命科学知识、探究能力，以及相关的情感态度和价值观。中学生物科学素养的培养目的是把学生培养成热爱劳动、热爱自然、适应社会发展的现代公民。提高每个中学生的生物科学素养是新课程标准实施中的核心内容。生物科学素养中参加社会活动、经济活动、生产实践和个人决策、科学探究等方面都需要在中学阶段进行锻炼和培养，实践活动的有效开展对这些方面都具有积极的促进作用。另外,从小的方面讲,实践活动的有效开展对学生的升学和就业也有重要作用。

(4) 一种有效的实践活动模式能更好地培养学生提出问题的能力

中学生物教学的主要目的是提高学生的生物科学素养和公民的科学素养。实践活动的有效开展将有利于生物科学素养的提高,如果开展不到位,将不利于生物科学素养的提高。怎样开展才有效?生物实践活动与生物科学素养有何关系?怎样将它们有效结合在一起?实践活动是否有助于学生的发散思维能力、创新能力、提出问题的能力的提高……这些都是高中生物实践活动教学中有待探讨的问题。

能让学生自己发现问题并提出问题是学习的较高境界。苏格拉底有过这样一句名言:“问题是接生婆,它能帮助新思维诞生。”哈佛大学师生也流传着一句名言:The one real object of education is to have a man in the condition of continually asking questions.(教育的真正目的就是让人不断提出问题)。本课题的开展,就是探究一种模式——WSW(问题—实践—问题)模式,以实践活动为载体和引子,引发学生发现问题、提出问题,提高其发散思维能力。

5.2 生物教学实践活动与乡土资源整合的现实意义

(1) 激发学习兴趣

乡土资源紧密贴合生活,同时又蕴含丰富的理论知识,因此,如果能够将乡土资源恰当地运用到中学生物课程的学习中,营造富有乡土气息的学习环境,将能够提升学生对于课程的注意力,能够为正式的课程学习做良好的铺垫。

例如,在对“蒸腾作用”的学习中,如果学校能够组织学生到当地的蔬菜种植基地进行现场学习,学生就能够根据所见所闻提出很多问题,如:小拱棚内表面的水滴来自何处?为什么在移栽树木时,要将其根部土球保护完整?这些问题能够对蒸腾作用的认识起到很好的导入作用。又如,通过组织学生观察鱼类的呼吸过程,学生可以产生诸多疑问,例如:鱼为什么先张嘴然后才会用腮部的张合?鱼在煮沸的水与河水中的活动有何差异?这些问题也会促使学生主动思考其中的原因,激发学生的学习兴趣。

(2) 化解学习难点

乡土资源来源于生活,而中学生物课程偏重于基础教育、现象教育,也主要是生活知识的提炼与升华,因此很多乡土资源的内容就是对中学生物课程

难点的解析。利用乡土资源化解生物学习难点,不仅贴切、真实,还能够起到加深印象、深化认识的作用。

利用乡土资源化解学习难点的案例有很多,例如初中生物课程中曾经有一部分是教授学生如何辨别不同的植物和动物。由于课本的采编原因,课本上的配图往往不能够起到明确不同动植物特征的作用。利用动物园、植物园、博物馆一类的乡土资源进行教学,学生可以接触到活生生的动植物和馆藏的大量自然标本,这个过程中学生可以对哺乳类、爬行类动物,以及种子类、孢子类等植物的特征通过亲身接触的形式进行了解。这种身临其境的教学方式对于深化学生的印象具有重要的意义。以往课程中的难点通过乡土资源的介入得到了有效的解决。

生物实验是中学生物教育的一大难点。中学生物实验来源于日常生活,原理比较简单,但是由于中学生此前较少进行实践培训,缺乏理论与实践相结合的经验,因此造成了这种状况。通过采用乡土资源模拟实验的方式进行授课,往往能够达到理想的效果。例如,在讲授分解者在生物圈中的作用时,可以利用香蕉果肉条、自锁式透明塑料袋,以及干酵母、加热工具等原料和器材对自然界中微生物的分解作用进行基本的模拟。通过对不同的香蕉果肉条进行不同的处理还能够设计对照试验,供学生进行后续探索。

(3) 积累生活经验

相比起课本内容,乡土资源是更接近生活的教育材料。因此在实际的教育中,乡土资源有时发挥的作用要大于课本。

(4) 树立环保意识

中学生物教育的目的不仅在于向学生传授基础的生物学知识和生活常识,还要培养学生热爱大自然、珍爱生命、保护环境的意识。然而传统的课堂教育受制于校园活动范围较小的局限,很难对真实的自然环境产生深刻的认识。在这种情况下可以利用乡土资源的教育模式授课。例如,组织学生到各个乡镇的蔬菜种植基地观察不易分解的塑料薄膜对于土壤的危害,感受秸秆焚烧对于大气的污染,等等,这些都能够对学生的内心产生触动,激发学生的环保意识。

因此,生物教学实践活动与乡土资源结合意义重大,影响深远。

附 盱眙地区乡土资源的调查

❶ 乡土资源的概念

(1) 乡土

“乡土”在地理上的含义是指人们出生或者长期生活的地域,但乡土的内涵远不止地理意义。乡土是一个动态的概念,不仅仅是一个特定的地理区域,还涵盖在这个地理空间上形成的自然景观、特色风俗及生活习惯等要素。

(2) 乡土资源

乡土资源指本土的各类资源,既有显性资源,又有隐性资源,涵盖自然生态与文化生态两方面资源。本书中的乡土资源,主要指盱眙地区的生物资源和生态资源。乡土资源必须是在反映一个地区自然人文特色的内容中,基调健康、积极、客观的部分,或者即使有负面内容,也是有助于总结经验、促进发展的内容。此外,乡土资源还必须能够迎合大众的文化心理,这就是说乡土资源之所以被称为资源,是因其能够为人们所熟悉、被人们所接纳。

目前在教育学领域被广泛提及的“乡土资源”实质上指的是“乡土课程资源”。这一类资源具有地域特色,反映的往往是学校所处行政或自然区域内的历史、地理、生态、习俗、人物等内容,最为重要的是具有较强的教育意义,能够对学生的认知过程起到促进作用。

❷ 盱眙生态资源概况(地理环境、水、森林、田园)

(1) 生态资源的定义

在人类生态系统中,一切被生物和人类的生存、繁衍和发展所利用的物质、能量、信息、时间和空间,都可以视为生物和人类的生态资源。

(2) 盱眙生态资源概况

盱眙县,是江苏省淮安市下辖县,位于淮安西南部、淮河下游、洪泽湖南岸、江淮平原中东部;东与金湖县、安徽省天长市相邻,南、西分别与安徽省来

安县和明光市交界，北、东北分别与泗洪县、洪泽区接壤。

盱眙县地处北亚热带与暖温带过渡区域，属季风性湿润气候。地势西南高，多丘陵；东北低、多平原；呈阶梯状倾斜，高差悬殊 220 多米。淮河流经境内，东、北部濒临洪泽湖，有低山、丘岗、平原、河湖圩区等多种地貌。

盱眙生态资源十分丰富，有第一山、戚大山、铁山寺等众多山地森林生态系统；有淮河、团结河、洪泽湖、天泉湖、龙泉湖、陡湖等众多河流湖泊。农田生态系统各有特色，盱眙东部地区大部分是平原，种植以粮食作物水稻为主，兼顾其他农作物；西部地区大部分是丘陵，种植以小麦、大豆、玉米为主，兼顾山芋、花生等其他作物；西南部地区主要是山区，多以畜牧业和果树为主。

① 盱眙生物资源归纳分类

在生物教学过程中，当涉及有关生物资源的教学实践时，特别是在动植物分类的教学中，应充分发掘本地生物资源开展教学，对本地生物资源进行研究并分类，主要分为五大类：A. 大中型哺乳动物和鸟类资源：大中型哺乳动物主要有狼、獾、狐、兔、黄鼬、草獐等 14 个目 26 科约 68 种，本地鸟类有喜鹊、麻雀、鸽子、画眉、翠鸟、野鸡等 10 个目 23 科约 51 种。B. 水生动物：洪泽湖和淮河盛产龙虾、米虾、鳊鱼、鳇鱼、鲤鱼、鲫鱼、银鱼、黄鳝、泥鳅等约 37 种水生动物。C. 中药材资源：主要有野生药用植物 738 个品种，药用动物 42 个品种，蜈蚣、灵芝、黄精、猫耳草、野马追等珍稀名贵药材和丹参、山楂、桔梗、柴胡、白头翁等常规药材远销省内外。D. 林木资源：全县现存树种约计 65 科 232 种。新发现的树木有漆树、毛叶欧李、野核桃、羽叶泡花树、湖北楂、毛木来、红脉钓樟、中华石楠等，铁山寺国家森林公园内还发现有栾树、无患子、重阳木、椴树等稀有树种。E. 牧草资源：全县有 4.4 万公顷草山、草坡，牧草品种主要有禾本科黑麦草、牛尾草、羊茅、黄背茅、青香茅、白茅、荩草、狗尾草、鸡脚草等。

② 盱眙乡土生态系统资源归纳分类

盱眙地处淮河下游洪泽湖畔，境内有山、有水，拥有丰富多样的生态系统，具有很高的实践活动价值。本人在教学课本生态系统知识之前，对本地的生态系统进行了充分的考察并进行了归纳，将其分为自然生态系统和人工生态系统。自然生态系统又分为陆地生态系统和水域生态系统，陆地生态系统又包括森林生态系统、丘陵生态系统、草原生态系统等。森林生态系统有铁山寺国家森林公园生态系统、第一山国家森林生态系统、甘泉山森林生态系统、都梁公园森林生态系统等；丘陵生态系统有象山公园生态系统、玉皇山生态系统、八仙台风景区生态系统等；草原生态系统有龙山草原生态系统、洪山草原生态系统等。本地水域生态系统都是淡水生态系统，又可分为河流生态系统和湖泊生态系统，以及各种各样的池塘生态系统。河流生态系统有淮河生态系统、团结河生态系统等；湖泊生态系统有洪泽湖生态系统、龙泉湖生态系统、天泉湖生态系统、陡湖生态系统等；池塘生态系统更是数不胜数。另外，还有独具特色的洪泽湖湿地生态系统。人工生态系统有农田生态系统、人工林生态系统、果园生态系统、城市生态系统。农田生态系统中适合在本地种植的农作物有30多种；人工林生态系统有戚大山人工林生态系统、洪泽湖防护林生态系统等；果园生态系统有中澳博乐园生态系统、欣业山庄生态系统等。城市生态系统中的盱眙县城城市生态系统，经过百年的改造与建设，现已经形成一个道路宽广、楼台林立、绿化精致、布局整齐的城市生态系统。这些生态系统中丰富的物产资源正在不断地被开发和改造，产生了巨大的经济效益和生态效益。

（3）盱眙代表性的特色生态资源

① 盱眙“第一山”——底蕴深厚

“忍耻包羞事北庭，奚奴得意管逢迎。燕山有石无人勒，却向都梁记姓名。”这是南宋诗人郑汝谐的七言诗《盱眙第一山》，饱含诗人对国家处于内忧外患的担忧。历史上盱眙是宋金分界线上的重要关口，特殊的地理位置，使得往来盱眙的历史名人众多。到盱眙的名人、官宦，大都要游第一山。其中有初唐四杰之一的骆宾王，有苏轼、米芾、陆游、杨万里等大诗人、大画家、大书法家。他们游第一山，题诗作文，勒石留名，为第一山留下了众多的诗文和摩崖石刻，由此使第一山积淀了深厚的文化意蕴。现存的98块摩崖石刻与78块碑碣，具有极高的历史价值与艺术价值，是第一山的一绝，也是第一山的精魂，使第一山成为“文化名山”。

盱眙县第一山森林公园的碑名

“第一山”之名，得之于大书法家米芾。北宋书法家米芾由河南开封经汴水南下就任，一路所见全是一望无垠的平原，入淮时忽见奇秀的南山，惊喜之下，诗兴勃发，当即赋诗道："京洛风尘千里还，船头出汴翠屏间。莫论衡霍撞星斗，且是东南第一山。"并大书"第一山"三个雄劲飘逸的大字，勒刻于石。随着这首诗的广泛流传，南山之名逐渐被"第一山"所取代。

第一山在盱眙县城诸山中处于中心位置，左拥翠屏峰，右揽凤坡岭，背倚清风山，面临长淮水，形如一座"太师椅"。

第一山作为国家 AAAA 级旅游景区，景色秀美，有林、泉、亭、宇之玲珑，融儒、释、道于一体。第一山的植物景观多彩多姿。公园内古树名木较多，现有银杏、女贞、冬青、石榴、槐树、竹等，树龄最老的在 600 年以上，其中乐岳观的一棵银杏，胸径 0.6 米，高 18 米。

第一山药用动植物众多。盱眙县是江苏省重点药材产区，经普查，第一山公园内有近百种中药材。主要草药有：金银花、何首乌、夏枯草、野马追、泽兰、白鲜、甘草、百部等。比较有代表性的是金银花。

第一山上野生动物资源也十分丰富。鸟类 50 余种，主要有云雀、大山雀、喜鹊、乌鸦、画眉、白头翁、寿带鸟、猫头鹰等。兽类有野兔、黄鼬、刺猬等，其中野兔和黄鼬比较多。可以入药的动物有蜈蚣、乌蛇、龟板、鳖甲、刺猬皮等。比较有代表性的是蜈蚣。

盱眙处处都有美景，而盱眙第一山就像一颗璀璨的明珠，点缀在淮河之上，她物华天宝，人杰地灵，是一座历史的山、一座文化的山。

② 天然氧吧——铁山寺国家森林公园

公园中的小石桥

铁山寺国家森林公园，国家 AAAA 级景区，位于苏皖交界处，距盱眙县城 38 公里，是江苏省保存最好、面积最大的野生动植物王国。61.58 平方公里的原始次生林海和群山环抱着的 9 平方公里纯净无比的天泉湖，构成了极其独特的小气候。这里是天然的大氧吧，空气中的负离子浓度为一般地区的 49 倍。景区里繁衍生息着众多种动植物，其中鸟类有 170 多种，高等植物有 280 多种，中草药 800 多种。其中绝大多数为南北地域边缘物种，是天然的动植物基因库。

公园中幽静的林中小道

区域内山、林、泉、湖、石、洞，自然造化，佳景天成。铁山寺国家森林公园是生态观光、天文科普、山珍美食、休闲度假的绝佳去处。优美的自然景观和典雅的生态环境，让这里成为享誉中外的“江苏九寨沟”。

铁山寺国家森林公园处于暖湿带和北亚热带的过渡地带，加之小气候的作用，造就了这里丰富的物种，占有中国种子植被15个分布类型中的14个，尤其是木植物种多样化性显著，共131属258种，集中了比较典型的湿带主要落叶阔叶树类，常绿成分较少。铁山寺国家森林公园地处偏僻，保留了大片珍稀树种，主要树种有槲栎、青檀、黄连木、乌柏等。这里几乎集中分布着江苏所有的野生珍稀树种，野生的漆树、毛叶欧李、迎春为江苏新纪录的品种，北方大叶朴、南方江脉钓樟、江浙钓樟、羽叶泡花木、中华石楠也到处可见。林下分布着太子参、玉竹、刺五加等贵重药植物。该区对研究植物地理学和植物区系很有意义，并可作为天然植物种质基因库加以开发利用，也是引种、驯化南北珍稀良种植物的理想场所。

置身于宁静的铁山寺国家森林公园中，用心感受生命绿色的韵律，仿佛已远离世俗的喧嚣，包裹我们的，始终是活跃而又宁静的诗一般的自然。这方美丽的净土，正敞开她博大的胸怀，等着向往者的到来。

③ 著名淡水湖——洪泽湖

洪泽湖，中国五大淡水湖排名第四。位于江苏省西部淮河下游，苏北平原中部西侧，淮安、宿迁两市境内。原为浅水小湖群，古称富陵湖，两汉以后称破釜塘，隋称洪泽浦，唐代始名洪泽湖。公元1128年以后，黄河南徙经泗水在淮阴以下夺淮河下游河道入海，淮河失去入海水道，在盱眙以

洪泽湖湿地

东潴水，原来的小湖扩大为洪泽湖，是“南水北调”工程东线部分的过水通道。

朝霞辉映下的淮河

洪泽湖湖面辽阔，资源丰富，既是淮河流域大型水库、航运枢纽，又是渔业、特产品、禽畜产品的生产基地，素有“日出斗金”之美誉，堪称镶嵌在苏北平原上一颗璀璨明珠。洪泽湖湿地经国务院批准列为国家级自然保护区。

甘泉般的湖水，养育着湖区人民。湖内既有鱼鳖虾蟹，又有鸡鸭鹅鸟，还有各种各样的水生植物。辽阔的湖面，时而波涛滚滚、大浪滔天，时而风平浪静、湖水如镜。极目远眺，白帆点点，机声隆隆，南来北往的运输船队，川流不息，左右穿梭的渔船，鱼肥仓满，争相辉映，构成一幅美丽动人的图画。

洪泽湖水生资源丰富，湖内有鱼类近百种，以鲤、鲫、鳙、青、草、鲢等为主。

洪泽湖的螃蟹远近驰名，水生植物繁多。芦苇几乎遍布全湖，繁茂处连船只也难以航行。莲藕、芡实、菱角在历史上即素享盛名，曾有“鸡头、菱角半年粮”的说法。

④ 姿态万千的都梁公园

都梁公园位于第一山风景名胜区的南部，是历届中国龙虾节的主会场。登上园区观景台，整个县城尽收眼底。公园内的杨大山、半笠山和磨盘山苍松翠柏，四季如春，鸟语花香，景物天成。晨曦初露时，到公园里早练的人络绎不绝，这里是当地人最喜爱的休闲场所之一，晨曦初露，百鸟鸣唱、绿意醉人、馨风沁心；夜幕降临，华灯齐放、流光溢彩、熠熠生辉。公园免费对外开放，已成为广大市民最佳的休闲场所，成为游客神览盱眙的必选地。园内的中国龙虾节广场是

都梁公园的制高点——都梁阁

目前全国最大的山地广场，都梁阁坐落其里，中国龙虾节博物馆巧设其中，馆中收集了历届中国龙虾节代表性物件2000余件，展示了“中国十大节庆”“中国十大美食类节庆”第一名的中国龙虾节的辉煌历程。

都梁公园地处亚热带和暖温带的过渡区，自然景点非常多，物种资源也非常丰富，对其进行生物资源和生态系统研究具有非常重要的意义。所谓资源植物，是指植物界中可用于人们生活用品制造或工业原料的植物。根据目前已知的用途，都梁公园野生资源植物可分为纤维植物、淀粉及糖类植物、油脂和芳香油植物、药用植物、野菜植物、观赏绿化植物等六大类。

A. 纤维植物类

垂柳、旱柳、紫柳、化香、榔榆、桑树、构树、柘树、悬铃木叶苎麻、扁担杆子、木槿……这些植物有的去皮后，枝条洁白柔韧可用于编织生产工具或工艺品；有的茎皮纤维韧、细且光泽较好，可用于制造高级文化纸、币纸；有的纤维色泽细腻、质地柔软，弹力与拉力性能好，可用作纺织原料。

B. 糖类和淀粉类植物

糖类和淀粉类植物中贮藏于其体内的碳水化合物可作为食物、酿造、纺织、造纸等工业原料。如麻栎、槲栎、槲树、栓皮栎的种子淀粉含量高，经脱涩处理即可作饲料；芡实、野葛、百合、山慈姑等鳞茎的淀粉含量也较高，加工利用潜力较大；糖类植物以毛桃、桑葚、山楂、山葡萄等为主，其果实除含糖外，还含有大量的维生素，是引人注目的野生果品。

C. 油脂及芳香油植物

油脂及芳香油植物主要有大麻、麦蓝菜、江浙钓樟、山胡椒、狭叶山胡椒、野大豆、黄连木、漆树、花椒、玫瑰、野蔷薇、栀子等。其中尤以黄连木的种子含油量高，出油率也高，有的已达到或超过花生、芝麻、油菜籽的含油量，有一定的利用价值。薄荷油用途广泛，普遍用于糖果、饮料、牙膏、医药等制造工业。

D. 药用植物

都梁公园的药用植物种类多，蕴藏量丰富，列入国家普查品种的植物药有30种以上。各类地道中药材有猫爪草、知母、桔梗、白头翁、芫花、夏枯草、丹参、徐长卿、百部、柴胡、白鲜皮、槐米、酸枣仁、半枝莲、茜草、威灵仙；大宗的中药材有野菊花、艾叶、贯众、野马追、地榆、苦参、益母草、山楂、玉竹、芡实、栀子、佩兰、泽兰等；广泛栽培的中药材有薏米、草决明、板蓝根、山药、川芎、紫苏、白苏、干姜、白扁豆、薄荷等；引种栽培的药材有杜仲、太子参、杭菊、

丹皮等。

E. 野菜植物资源

都梁公园里野菜资源较为丰富。每年春季，周围的居民都会到都梁山采摘野菜，如野小蒜、马齿苋、荠菜、蕨菜、鱼腥草、灰绿藜、酸模、刺苋、蔊菜、南苜蓿、枸杞、香椿、水芹、马兰、紫苏、菊花脑、蒌蒿、黄花菜、竹笋等。

F. 观赏植物资源

都梁公园野生观赏植物资源比较丰富。其中可作为城市绿地的树种有侧柏、江浙钓樟、南京椴、五角枫、三角枫、茶条槭、臭椿、乌桕、无患子、南京柯楠树、枫香树、化香、山槐等；观赏花木和花卉草本有海金沙、井栏边草、五叶木通、野蔷薇、华东木兰、多花胡枝子、锦鸡儿、南蛇藤、牛奶子、乌饭树、五加、郁香忍冬、百合、石蒜、换锦花、射干、蝴蝶花、短穗竹、阔叶箬竹等。

都梁公园虽然植物种类丰富，但地理成分较复杂，具有明显的热带向温带过渡性质，因此特有成分缺乏。植物资源蕴藏量比较大，芳香油类植物、野菜类植物、药用类植物都是值得开发的野生植物资源。

⑤ 盱眙母亲河——淮河

淮河位于长江与黄河之间，是我国一条古老又独具地域特色的河流，享有华夏“天中”的特殊地位。千百年来，淮河儿女在这块神奇的土地上辛勤劳动，奋斗不息，创造了灿烂的淮河文化，书写着波澜壮阔的淮河史诗。

盱眙县地处淮河下游，是淮河岸边的一颗璀璨明珠。盱眙儿女深受母亲河——淮河的馈赠，繁衍生息。

淮河大概有鱼类65种，其中鲤形目39种，鲈形目12种，鲶形目和鲑形目各4种，鲟形目和鲱形目各3种，鳗鲡目和合鳃鱼目各1种。“冬吃鲢子夏吃腰，二把月里吃鱴刀。”这是沿淮两岸人们妇孺皆知的口头禅，意在炫耀身边淮河里的鱼。淮河鱼都是在浩浩荡荡流动着的活水中长大的，活动量大，体态瘦，条子美，呈流线型。不像池塘里的鱼儿大腹便便，富态十足，吃起来有一股泥腥味。日夜奔流的淮河不但叫人们能够吃上鱼，而且一年四季能吃上不同的鱼，正如歌谣所传：“走千走万，不如淮河两岸。”绵延千里的淮河流至珠城，被淮河闸拦腰阻断，使上下游形成了一道人为的卡子。特别是在闸下，为了保护河床不被湍急的河流冲刷，特意抛下了大量的石头。石头与石头之间诸多的缝穴自然便成了鱼类栖身之地。很多鱼便在此安家做窝，繁衍生息。淮河里的鱼是讲究时令的，什么样的季节出什么样的鱼，是有规律可循的。

⑥ 山地草原——龙山

龙山位于盱眙县境西南部，距县城38公里，现名为仇集镇。镇东南相连铁山寺国家级森林公园。境内群山环抱，丘陵连绵，系低山丘陵地区。五座窑旁的无名山峰海拔231米，为盱眙县最高点。全县生态林地50%处于该镇，全镇生态环境优良，适合人居。由于牧草较多，因而牲畜饲养是该镇农民致富的途径之一。

仇集镇大部分是山地，范围内有大大小小的山数十座。很多山上都留有古迹，其中比较著名的当属清平山。

清平山（黄庭坚的诗碑中所称）又叫青平山（南宋碑刻所称）、清明山（四周百姓所称）、柴王城、柴王寨（因柴世宗在其上筑寨驻军），位于明光市涧溪镇之东2公里，是明光市涧溪镇和盱眙县仇集镇的界山（山的西麓是涧溪周陆郢，山的东麓是仇集王庄）。清平山海拔约160米，南北长约700米，东西宽100～200米。清平山四面陡峭，山顶地势平坦，土地肥沃。

清平山产珍稀名贵药材蜈蚣、猫爪草等，还有知母、桔梗、白头翁、丹参、百部、柴胡、夏枯草、槐米、酸枣仁、野菊花、艾叶、仙鹤草、一年蓬、野马追、苦参、白茅根、壳柏子、山楂等野生中药材；有野兔、野鸡、狼、獐子等野生动物；有玄武岩、凹凸棒黏土等矿藏；矿泉水更是清冽甘甜，品质优良。

龙山的山地草原众多，草场资源十分丰富。非常适合发展养牛等畜牧业，近年来龙山的养牛业得到了大规模的发展，典型的是明山村黄牛养殖产业快速发展，形成了一定规模。仇集养牛主要以黄牛为主。黄牛是中国固有的普通牛种。角短，皮毛黄褐色或黑色，也有杂色的，毛短。用来耕地或拉车，肉供食用，皮可以制革。其在中国的饲养头数在大家畜中或牛类中均居首位，饲养地区几乎遍布全国。在农区主要作役用，半农半牧区役乳兼用，牧区则乳肉兼用。其体形和性能上因自然环境和饲养条件不同而有差异可分为三大类型，北方黄牛、中原黄牛和南方黄牛。黄牛头部略粗重，角形不一，角根圆形。体质粗壮，结构紧凑，肌肉发达，四肢

仇集黄牛

强健，蹄质坚实。中国的黄牛大约有 25 种，排在前五名的有：南阳牛、秦川牛、鲁西牛、延边牛和晋南牛，合称为中国五大良种黄牛。

在我国各类农业资源中，草地资源占有重要地位。草地既是农牧民的基本生产资料，又是重要的生态屏障，具有多种功能、多重效益。加强草原保护建设是增加农牧民收入、促进牧区繁荣的需要，是建设现代农业和维护国家生态安全的需要。

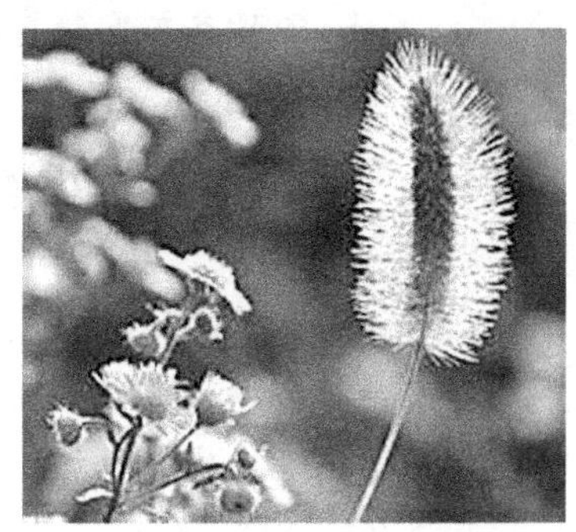
草原一角

草原资源是一种可更新的自然资源，在陆地生态系统的能量流动和物质循环的过程中，对人类的物质、文化生活和生存环境，都具有十分重要的地位和作用。草场资源不仅是草食动物赖以生存的主要物质基础和活动场所，还具有调节气候、防风固沙、保持水土、净化环境、维护生态条件等多种功能。盱眙龙山属于山地草场，由多种针茅、棱羊茅、羊茅、冰草、糙隐子草、冷蒿、绣线菊、狗尾草等组成草群。其中，具有代表性的优势品种如狗尾草、茅草，草质良好，适宜放牧。

⑦ 盱眙的世外桃源——中澳乐博园

站在海拔 71.4 米的山岭之巅，侧听松涛低语，西望淮河风光，在浓郁欧式风情的葡萄酒庄园中观自然美景，品葡萄美酒，中澳合作盱眙三农生态园带给人们不尽的遐想。

中澳乐博园

位于盱眙县盱城镇新华村的中澳乐博园源自江苏省与澳大利亚维多利亚州结为友好省州，由澳大利亚客商投资兴建，也是盱眙丘陵山区农业综合开发的重点项目。经过前期准备，乐博园项目于 2011 年 11 月正式启动建设。“2008 年，这里还是一片荒山，如今已是省四星级乡村旅游点。”人们如是说。

乐博园分为南北两块。山岭北面山坡较陡峭，紧邻水库，远处正对淮河，具有极佳的景观视野；南面山坡稍平缓，毗邻另一水库和大草坪，具有开阔的视线范围。

中草药园区占地600亩，栽种十三香原料。这里还有葡萄园、酿酒坊、垂钓区、就餐点、国际房车露营基地等多个场所。

③ 盱眙特色生态及物种

(1) 闻名天下的盱眙小龙虾

盱眙独特的水文和气候，特别适宜小龙虾的生存与繁殖。20世纪，由于文化水平的局限和经济的落后，人们没有察觉到小龙虾巨大的潜在价值。渔民在捕鱼的过程中，基本把小龙虾当作没有用的东西扔回水里。后来，有人在做鱼时，把小龙虾和鱼一并放到锅里煮，才发现它的口味还挺好。

到了2000年，盱眙县政府率先在盱眙办起了以推广龙虾为宗旨的盱眙龙虾节，并创造了独具盱眙特色的“盱眙十三香龙虾”等一系列的品牌盱眙龙虾。

小龙虾(英文名：Procambarus Clarkii)，也称克氏原螯虾、红螯虾和淡水小龙虾。形似虾而甲壳坚硬。成体长5.6～11.9厘米，暗红色，甲壳部分近黑色，腹部背面有一楔形条纹，幼虾体为均匀的灰色，有时具黑色波纹，螯狭长，甲壳中部不被网眼状空隙分隔，甲壳上明显具颗粒，额剑具侧棘或额剑端部具刻痕。

克氏原螯虾为夜间活动性动物，营底栖爬行生活，栖息在湖泊、河流、水库、沼泽、池塘及沟渠中，由于稻田经常有农药伤害，一般情况下较少。栖息地多为土质，以食物较为丰实的静水沟渠、池塘和浅型湖泊中较多，多以水草、树根或石块为隐蔽物。白天常潜伏在水体底部光线较暗的角落、石块旁、草丛或洞穴中，夜晚出来觅食。在自然情况下，因缺饵和水透明度较低，白天也见觅食。

该虾有较强的攀缘能力和掘洞能力。在水体缺氧、缺饵、污染及其他生物、理化因子发生骤变而不适的情况下，常常爬出水面进入另一水体。如下雨特别是下大雨时，该虾常爬出水体外活动。在无石块、杂草及洞穴可躲藏的水体，该虾常在堤岸处掘洞。洞穴的深浅、走向与水体水位的波动、堤岸的土质及克氏原螯虾的生活周期有关。在水位升降幅度较大的水体和螯虾的繁殖期，洞较深；水位稳定的水体和越冬期，洞较浅；生长期基本不掘洞。洞最深可达 100 厘米，直径可达 9.2 厘米，它也可以利用人工洞穴和水体原有洞穴或其他隐蔽物。其掘洞行为多出现在繁殖期和越冬期。

小龙虾属于杂食动物，主要吃植物类，小鱼、小虾、浮游生物、底栖生物、藻类等也可以作为它的食物。小龙虾的繁殖能力很强，每年小龙虾繁殖 3～4 次，一次产卵 500～2000 粒。小龙虾的生存能力也非常强，除了日本和中国，欧洲和非洲都有它占领的地盘，因此它不仅成为世界级的“生物入侵物种”，而且成了世界级的美食。欧洲、非洲、澳大利亚、加拿大、新西兰和美国都有人食用，美国的路易斯安那州号称生产了世界上 90% 的小龙虾，而当地人就吃了其中的七成。小龙虾在世界范围内的“成功”，除却一些形态和习性上的优势，部分还得归功于它对污染环境的耐受能力。在科学研究上，对污染物非常敏感或者非常耐受的生物，往往可用作环境有无受到污染的指示生物。小龙虾就是这样的一种潜在指示生物。

科学研究证明，机体虾青素含量与其抵御外界恶劣环境的能力呈正相关，也就是说机体虾青素含量越高，其抵御外界恶劣环境的能力就越强。枣红的颜色小龙虾肌体中天然虾青素的含量是对虾的数倍。所以，深红色的小龙虾可以在污浊的淤泥中生存繁殖，而淡红色的对虾即便在清澈的水体中也不易存活。小龙虾自身无法产生虾青素，主要通过食物链——食用微藻类等获取到虾青素，并在体内不断积累产生超强抗氧化能力。虾青素能有效增强小龙虾抵抗恶劣环境的能力并提高其繁殖能力。所以虾青素是小龙虾拥有顽强生命力的强有力保障，小龙虾在缺少这些含有虾青素微藻的环境中反倒难以生存。这也带给人们认识上的一些错觉：小龙虾必须生活在肮脏的环境中。

小龙虾的蛋白质成分很高，比大多数鱼虾大概高出 18.9%。小龙虾的氨基酸组成比肉类优质，含有人体所必需的而体内又不能合成或合成量不足的 8 种必需氨基酸，不但包括异亮氨酸、色氨酸、赖氨酸、苯丙氨酸、缬氨酸和苏氨酸，还含有脊椎动物体内含量很少的精氨酸。另外，小龙虾还含有对幼儿而言也是必需的组氨酸。

小龙虾的脂肪含量仅为 0.2%，不但比畜禽肉低得多，比青虾、对虾也低许多，而且其脂肪大多是由人体所必需的不饱和脂肪酸组成，易被人体消化和吸收，且具有防止胆固醇在体内蓄积的作用。

小龙虾和其他水产品一样，含有人体所必需的矿物成分，其中含量较多的有钙、钠、钾、镁、磷等。小龙虾中矿物质含量约为1.6%，其中钙、磷、钠及铁的含量都比一般畜禽肉高，也比对虾高。因此，经常食用小龙虾肉可保持神经、肌肉的兴奋性。

小龙虾含有丰富的脂溶性维生素——维生素A、维生素C、维生素D，陆生动物在这点上就略显逊色。

(2) 优质绿茶——雨山茶

茶属双子叶植物，约30属，500种，分布于热带和亚热带地区。我国有14属，397种，主产于长江以南各地，其中茶属和何树属等均极富经济价值。茶树为乔木或灌木，叶互生，单叶、革质、无托叶；花常两性、稀单性、单生或数朵聚生，腋生或顶生；萼片5~7，覆瓦状排列；花瓣通常5，稀4至多数，覆瓦状排列；雄蕊极多数，分离或多少合生；子房上位，稀下位，2~10室，每室有胚珠2颗至多颗；果为一蒴果，或不开裂而核果状。我们一般所说的茶叶就是指用茶树的叶子加工而成，可以用开水直接泡饮。

盱眙县铁山寺是省级自然保护区，风景秀美，其境内有江苏省唯一一个雨山茶茶叶生产基地。拥有江苏省苏北地区唯一一家从事茶叶生产、加工的中美合资企业。优良的生态环境造就了雨山茶高雅的内在品质。

1999年经国家绿色食品检测中心检测，雨山茶叶各项指标均优于绿色食品标准，并获得国家A级绿色食品标志使用权，2000年获得中国国际茶博览会金奖。

雨山茶经有关部门检测，各种营养物质含量均超过行业标准(氨酸2.363%，咖啡因1.8%，茶多酚27.39%，儿茶素75.02%，水浸出物37.8%，水分4.98%)。由于茶树可以长期保持源源不断的大量有机物质的供给，因而形成了雨山茶所特有的板栗醇香。

盱眙雨山茶

雨山茶在制作上采用独特的半烘炒工艺，保持鲜叶内含物的自然特性不受破坏，产品达到色翠、鲜嫩、味香、爽口等标准。雨山茶的“云毫”和“特炒”等品种在1994年江苏省农林厅举办的“育才杯斗茶会”上获得优胜奖，受到专家的好评。

雨山茶中所含的成分很多，将近500种，主要有咖啡因、茶碱、可可碱、胆碱、黄嘌呤、

黄酮类及甙类化合物、茶鞣质、儿茶素、萜烯类、酚类、醇类、醛类、酸类、酯类、芳香油化合物、碳水化合物、多种维生素、蛋白质和氨基酸。氨基酸有半胱氨酸、蛋氨酸、谷氨酸、精氨酸等。茶中还含有钙、磷、铁、氟、碘、锰 、钼、锌、硒、铜、锗、镁等多种矿物质。茶叶中的这些成分对人体是有益的,其中锰能促进鲜茶中维生素 C 的形成,提高茶叶抗癌效果。它们的共同作用,对人体防病治病有着重要意义。

(3) 盱眙的人间鲜果——火龙果

火龙果(拉丁学名:Hylocereus undulatus Britt),仙人掌科、量天尺属植物,又称红龙果、龙珠果、仙蜜果、玉龙果等。

火龙果为多年生攀缘性多肉植物。植株无主根,侧根大量分布在浅表土层,同时有很多气生根,可攀缘生长。根茎深绿色,粗壮,长可达 7 米,粗 10 ~ 12 厘米,具 3 棱。棱扁,边缘波浪状,茎节处生长攀缘根,可攀附其他植物上生长,肋多为 3 条,每段茎节凹陷处具小刺。由于长期生长于热带沙漠地区,其叶片已退化,光合作用功能由茎干承担。茎的内部是大量饱含黏稠液体的薄壁细胞,有利于在雨季尽可能多地吸收水分。

芽内有数量较多的复芽和混合芽原基,可以抽生为叶芽、花芽。花芽发育前期,在适宜的温度条件下,可以向叶芽转化。而旺盛生长的枝条顶端组织,也可以在适当的条件下抽生花芽。

花白色,巨大子房下位,花长约 30 厘米,故又有“霸王花”之称。花萼管状,宽约 3 厘米,带绿色(有时淡紫色)的裂片;有长 3 ~ 8 厘米的鳞片;花瓣宽阔,纯白色,直立,倒披针形,全缘。雄蕊多而细长,多达 700 ~ 960 条,与花柱等长或较短。花药乳黄色,花丝白色;花柱粗,0.7 ~ 0.8 厘米,乳黄色;雌蕊柱头裂片多达 24 枚。

果实,长圆形或卵圆形,表皮红色,肉质,具卵状而顶端急尖的鳞片,果长 10 ~ 12 厘米,外观为红色或黄色,有绿色圆角三角形的叶状体,白色、红色或黄色果肉,具有黑色种子的水果。果皮厚,有蜡质。果肉白色或红色。有近万粒具香味的芝麻状种子,故称为芝麻果。

火龙果因为外表像一团愤怒的红色火球而得名。里面的果肉就像是香甜的奶油,但又布满了黑色的小籽。质地温和,口味清香。

火龙果为热带、亚热带水果,喜光耐阴、耐热耐旱、喜肥耐瘠,在温暖湿润、光线充足的环境下生长迅速。春夏季露地栽培时应多浇水,使其根系保持旺盛生长状态，在阴雨连绵天气应及时排水，以免感染病菌造成茎肉腐烂。其茎贴在岩石上亦可生长，植株抗风力极强，只要支架牢固可抗台风。

火龙果耐0℃低温和40℃高温，最适宜生长的温度为25℃～35℃。火龙果可适应多种土壤，但以含腐殖质多、保水保肥的中性土壤和弱酸性土壤为好。

火龙果原产地为中美洲的哥斯达黎加、危地马拉、巴拿马、厄瓜多尔、古巴、哥伦比亚等地。后传入越南、泰国等东南亚国家和中国的台湾、海南、广西、广东、福建、云南等省区。

火龙果是热带水果，最好现买现吃。在5℃～9℃的低温中，新鲜摘下的火龙果不经挤压碰撞，保存期可超过一个月。在25℃～30℃的室温状态下，保质期可超过2个星期。

火龙果不仅味道香甜，还具有很高的营养价值，它集水果、花蕾、蔬菜、医药优点于一身。不但营养丰富、功能独特，而且很少有病虫害，几乎不使用任何农药都可以正常生长。因此，火龙果是一种绿色、环保和具有一定疗效的保健果品。

值得注意的是，火龙果的果肉几乎不含果糖和蔗糖，糖分以葡萄糖为主，这种天然葡萄糖，容易吸收，适合运动后食用。在吃火龙果时，可以用小刀刮下内层的紫色果皮——它们可以生吃，也可以凉拌或者像霸王花一样放入汤里。

现代科学研究分析成果表明，火龙果具备诸多对人类有益的成分，还有很多促进健康、美容、防病强身的元素。

火龙果是一种低能量的水果，富含水溶性膳食纤维，具有减肥、降低胆固醇、预防便秘、大肠癌等功效。对于防止血管硬化、预防贫血等都有良好的作用。火龙果中含有一般蔬果中较少有的植物性白蛋白，这种白蛋白会与人体内的重金属离子结合而起到解毒的作用。它富含抗氧化剂维生素C，能美白皮肤、防黑斑。

红心火龙果

火龙果的果皮含有非常珍贵的营养物质——花青素。花青素是一种强

力的抗氧化剂，强于胡萝卜素 10 倍以上，且能在人体血液中保存活性 75 小时。它能够保护人体免受有害物质——自由基的损伤，有助于预防多种与自由基有关的疾病。花青素能够增强血管弹性，保护动脉血管内壁；降低血压；增进皮肤的光滑度；抑制炎症和过敏，改善关节的柔韧性，预防关节炎；可以促进视网膜细胞中的视紫质再生，改善视力；还具有抗辐射的作用等。花青素对人体健康多有益处。所以，在吃火龙果的时候，尽量不要丢弃内层的粉红色果皮。因花青素对温度敏感，应生食为佳。可以用小刀刮下直接生吃，或切成细条凉拌，榨汁食用也是不错的选择。

2014 年 7 月 9 日，盱眙金田源火龙果种植专业合作社成立，首次引入南方热带水果品种——火龙果，并已在维桥乡建立一处面积达 120 亩的示范基地。其中一期 40 亩已栽植结束，次年结果，采果期为 6—11 月，亩产 4000 ~ 5000 斤，按当地市场销售价格测算，每亩年产值可达 10 万元以上。该基地引进品种为红心火龙果，又叫水晶火龙果，是火龙果里的稀少品种。红心火龙果口感清甜，肉质细腻，花香味浓，是无公害绿色产品，相较于普通白心火龙果，它的营养价值更高、更好吃，花青素含量也高于白心火龙果，不仅对视力有帮助，还有抗氧化、抗衰老等作用，因此其价格要比白心火龙果高出几倍。

目前，盱眙金田源火龙果专业合作社根据火龙果的物学特性采取了独特的种植方式。火龙果种植方式多种多样，可以爬墙种植，也可以搭棚种植，但以柱式栽培最为普遍，其优点是生产成本低、土地利用率高。所谓柱式栽培，就是立一根水泥柱或木柱，在柱的周围种植 3 ~ 4 株火龙果苗，让火龙果植株沿着立柱向上生长的栽培方式。

随着我国不断对外开放，外来水果不断涌入，使得我们不出远门就能在当地买到各种美味的水果。种植技术的不断完善，也使得很多水果都不再依赖进口了。

(4) 铁山寺保健珍品——野生葛藤

葛藤别名野葛、粉葛藤、甜葛藤、葛条、克株、甘葛，蔷薇目、豆科、葛属的多年生草质藤本植物，块根肥厚，富含淀粉，全株有黄色长硬毛。茎长 10 余米，常铺于地面或缠于它物而向上生长。总状花序腋生，长 20 厘米，花蓝紫色或紫色，花萼钟状，荚果条形，扁平，种子长椭圆形，红褐色。分布于东南亚和澳大利亚，生境为山地疏、密林中。饲用价值：对多数牲畜的适口性中等，以马较为喜吃；舍饲时，用葛叶与其他粗料混合，有增进食欲之效。在四川盆地

铁山寺野生葛藤

山区，把叶晒干，作为冬季饲料，猪很喜吃。福建曾推荐葛叶作为兔的饲料。

葛藤是一种半木本的豆科藤蔓类植物，具有惊人的蔓延力和繁殖力，可以大面积地覆盖树木和地面。葛藤半木质的蔓藤可以长达 10～30 米，匍匐地面甚至可达百米。其根部重达数公斤并可深入地下 1～5 米。它长有巨大的叶子和红紫色的花朵，长满硬毛的叶子为互生三片，长 15～30 厘米，荚果扁平，长 5～10 厘米，宽约 1 厘米。种子扁卵圆形，红褐色，千粒重 13～18 克。葛花，并不是葛藤开的紫红色花，而是老葛藤临近根部开的乳白色干花，十分罕见，良药。葛藤喜温暖湿润的气候，生于阳光充足的阳坡，长在草坡灌丛、疏林地及林缘等处，攀附于灌木或树上的生长最为茂盛。对土壤适应性广，除排水不良的黏土外，山坡、荒谷、砾石地、石缝都可生长，而以湿润和排水通畅的土壤为宜。耐酸性强，土壤 pH 值 4.5 左右时仍能生长。耐旱，年降水量 500 毫米以下的地区可以生长。耐寒，在寒冷地区，越冬时地上部冻死，但地下部仍可越冬，第二年春季再生。

葛藤也是中国南方一些省区的一种常食蔬菜，其味甘凉可口，常作煲汤之用。其主要成分是淀粉，此外含有约 12% 的黄酮类化合物，包括大豆（黄豆）甙、大豆甙元、葛根素等 10 余种，并含有胡萝卜甙、氨基酸、香豆素类等。可作为药物应用。另外，早在尧、舜、禹时期，人们就已经开始利用葛藤制麻织布。1972 年，江苏吴县草鞋山发掘出三块制作于新石器时代、在今天看来依然技艺精湛的葛布残片，这三块葛布残片是我国从 6000 多年前就开始利用葛根的可靠见证。

葛根的功效有：

1. 提高肝细胞的再生能力，恢复正常肝脏机能，促进胆汁分泌，防止脂肪在肝脏堆积；

2. 促进新陈代谢，加强肝脏解毒功能，防止酒精对肝脏的损伤；

3. 对高血脂形成的冠状动脉硬化，通过改善心肌缺血状态，防治冠心病、心绞痛、心肌梗死等心血管疾病；

4. 对高血脂形成的脑动脉硬化，通过改善脑缺血状态，防治脑梗死、偏瘫、血管性痴呆等脑血管疾病；

5. 强化肝胆细胞自身免疫功能，抵抗病毒入侵。

葛根的营养价值：

葛根内含有蛋白质、氨基酸、糖和人体必需的铁、钙、铜、硒等矿物质，是老少皆宜的名贵滋补品，有“千年人参”之美誉。早在汉代张仲景的《伤寒论》中就有“葛根汤”这一著名方剂，至今仍是重要的解表方。《本草正义》谓葛根“最能开发脾胃清阳之气”。

葛根味甘微辛，气清香，性凉，主入脾胃经。有发表解肌、升阳透疹、解热生津之功效。用于治疗脾虚泄泻、热病口渴、主治外感发热，头颈痛强，麻疹透发不畅，温病口渴，消渴，酒毒，胸痹心痛等病症。

常食葛根粉能调节人体机能，增强体质，提高机体抗病能力，抗衰延年，永葆青春活力。

现代医学研究表明，葛根黄酮具有防癌抗癌和雌激素样作用，可促进女性养颜，尤其对中年妇女和绝经期妇女的养颜保健作用明显。

(5) 观音寺特产——双色冰激凌西瓜

西瓜，属葫芦科，原产于非洲。西瓜是一种双子叶开花植物，形状像藤蔓，叶子呈羽毛状。它所结出的果实是瓠果，为葫芦科瓜类所特有的一种肉质果，是由 3 个心皮具有侧膜胎座的下位子房发育而成的假果。西瓜主要的食用部分为发达的胎座。西瓜产量十分丰富，差不多每一株藤就可以结出1 ~ 2 个果实。果实外皮光滑，瓜呈圆形或椭圆形，皮色有浓绿、绿、白或绿色夹蛇纹等，果瓤多汁为红色或黄色，白色较为罕见。

西瓜堪称“瓜中之王”，清爽解渴，甘味多汁，是盛夏佳果，西瓜除不含脂肪和胆固醇外，含有大量葡萄糖、苹果酸、果糖、蛋白氨基酸、番茄素及丰富的维生素 C 等物质，是一种营养价值很高、纯净、安全的果品。瓤肉含糖量一般为 5% ~12%，包括葡萄糖、果糖和蔗糖。甜度随成熟后期蔗糖含量的增加而增加。中医学上以瓜汁和瓜皮入药，有清暑功能。

观音寺镇的双色冰激凌西瓜采用国外先进生物工程技术，引进国内外优良品种经多年杂交选育而成。其特点是：脆嫩多汁、入口即溶、皮薄瓤甜、口感爽、上市早；中心糖度通常达 12 度左右，并且富含钾、磷、钙、铁、锌 等人体所需的多种微量元素。西瓜瓤色独特，浅粉中透着淡淡的奶黄，食用感觉酷

双色冰激凌西瓜

似冰激凌，故而拥有一个非常有诱惑力的名字——双色冰激凌。切开前，表皮翠绿貌似"半生不熟"，切开后半红半黄，农业科学院园艺研究所研究员解释说，这是未来几年颇有市场前景的一种特色西瓜。

20世纪90年代中后期，国际上已开始研究通过育种改变瓜瓤颜色的技术，不过当时认识并不透彻，除了红色就是黄色。"为什么不能是'黄+红'呢?"上海农科院园艺研究所研究员顾卫红说。最开始的时候是怎么将颜色固定的？"黄色瓜瓤很'顽固'，和它杂交的品种很容易被它同化，最后很可能忙了半天种出的西瓜还是黄色瓤。"所以，她几乎试遍所有能想到的品种，最后终于选定了两个品种作为父本和母本，又试了很多次，终于培育出了"奶黄+粉红"的双色瓜。乍一看，双色瓜果皮与一般瓜无异，单只重四五公斤。切开后，瓜瓤确实像还没有长熟的西瓜。不过顾卫红说，它们之间最大的区别在于西瓜籽。生瓜瓜子是白色，双色瓜的瓜子是黑色。其次，双色瓜水分较一般西瓜多，口感特别细嫩，入口即化，甜度在11~12度(属于中度甜)，所以取名叫"双色冰激凌西瓜"。

事实上，双色冰激凌西瓜早在2003年就已经育种成功。但是，当时业界对瓜瓤的认识都停留在单色上，对于这种双色瓜，专家认为，有可能是育种不稳定所致。同时，"是否加了其他物"等争议也随之而来。育种专家当时压力确实很大，只好暂停。一位果品批发市场老总说"不管白瓜灰瓜，只要好吃我们就都要"，让育种专家感念至今。

当然，让育种专家暂停培育的原因，更主要的还是技术不够成熟。

"双色瓜"的一生可谓"娇贵"。其对大棚设施要求极高，通透性要好，长度不得超过20~30米，棚内温度不超过35摄氏度。传统种瓜施的是氮肥，但这样的肥料种出的瓜硝酸盐含量高，偏酸。双色冰激凌西瓜必须施有机肥和磷钾复合肥。

另外，双色冰激凌西瓜要求种植环境干燥，盱眙的观音寺正好适宜。2003年之后，控温控湿大棚设施等条件成熟，双色冰激凌西瓜也就很快推广开来了。

盱眙观音寺西瓜栽培技术不断提高，目前正在专家试验田里更新换代。

为保证优质西瓜"后继有人"，盱眙县启动了西瓜现代农业产业体系建设，以"早佳(8424)"等优质西瓜品种为基础，加强优质品种改良和推广，使优质良种覆盖率达到95%以上，工厂化(规模化)、规范化种苗生产技术覆盖率达到15%～20%。通过标准化生产基地建设，在郊区打造有一定规模和较大影响力的优质西瓜品牌10个，年销售量达到全市地产西瓜总量的30%。

(6) 佳酿之源——盱眙葡萄

盱眙紫葡萄

葡萄又叫蒲桃，折藤栽种，易成活。春季萌芭生叶，叶有五尖，有须，藤很长。3月开小花，7、8月成熟，有紫、白二色。

葡萄树为落叶藤本植物，褐色枝蔓细长。近圆形单叶互生，近全缘至3～7裂，叶缘有锯齿。叶腋着生复合的芽。卷须或花序与叶对生。两性花、雌能花(雄蕊较短，花粉不孕)和雄花；野生种常为雌雄异株。5片花瓣，顶部连生，开花时自基部与花托分离呈帽状脱落。浆果多为圆形或椭圆，有青绿色、紫黑色、紫红色等，具果粉。

葡萄种植海拔高度一般为400～601米。中国葡萄种植的变化较大，一般为海拔200～1000米，而河北怀来葡萄分布海拔高度达1100米，山西清徐达1200米，西藏山南地区则达1500米以上。纬度和海拔是在大范围内影响温度和热量的重要因素。

葡萄可以生长在各种各样的土壤上，如沙荒、河滩、盐碱地、山石坡地等，但是不同的土壤条件对葡萄的生长和结果有不同的影响。

葡萄对土壤的适应性较强，除了沼泽地和重盐碱地不适宜生长外，其余各类型土壤都能栽培，而以肥沃的沙壤土最为适宜。不同土壤对葡萄生长发育和品质有不同的影响。不适宜地区，可以通过农业工程及栽培技术进行改土栽培。如辽宁盘锦盐碱地区，土壤盐分含量0.3%以上，直接栽培葡萄不能成活。但经过挖沟台田，灌水洗盐，绿肥改土或局部换土，以及选用抗盐砧木品种等项措施，2～3年后使土壤盐分降至0.2%以下，就能栽植葡萄了。

葡萄含糖量高达10%～30%，以葡萄糖为主。葡萄中的多量果酸有助于消化，适当吃些葡萄，能健脾和胃。葡萄中含有矿物质钙、钾、磷、铁和葡萄

中澳乐博园生态葡萄

糖、果糖、蛋白质、酒石酸，以及维生素B1、B2、B6、C、P等，还含有多种人体所需的氨基酸。常食葡萄对神经衰弱、疲劳过度大有裨益，此外它还含有多种具有生理功能的物质。把葡萄制成葡萄干后，糖和铁的含量会相对高，是妇女、儿童和体弱贫血者的滋补佳品。

中国历代医药典籍对葡萄的药用均有论述。中医认为，葡萄味甘微酸、性平，具有补肝肾、益气血、开胃生津、利小便之功效。《神农本草经》载文说：葡萄主"筋骨湿痹，益气，倍力强志，令人肥健，耐饥，忍风寒。久食，轻身不老延年"。葡萄不但具有广泛的药用价值，还可用于食疗。头晕、心悸、脑贫血时，每日饮适量的葡萄酒2～3次，有一定的治疗作用；干葡萄藤15克用水煎服可治妊娠恶阻。《居家必用事类全集》上还记载葡萄汁有除烦止渴的功能。

现代医学研究表明，葡萄还具有防癌、抗癌的作用。葡萄也具有极高的观赏性，人们将其制成各种盆景放置室内，清香幽雅、美观别致；或在居室前后栽植，藤蔓缠绕，玲珑剔透，芳香四溢，是美化环境的佼佼者。葡萄的巨大经济价值主要在于酿酒，全世界80%的葡萄都用于酿酒。但是，随着人们保健意识的增强、消费观念的转变，越来越多的葡萄被酿成果汁，成为味美多效的营养保健果品。葡萄汁不但能防治多种疾病，直接饮用还有抗病毒的作用。

（7）止咳降压宝草——野马追

野马追别名白鼓丁、化食草、毛泽兰。属于菊科，双子叶植物纲菊亚纲最大的1科。有一致的小花结构，小花管状，辐射对称，或舌状而两侧对称，或花冠管状而花冠裂片二唇形。多数小花密集排列，外覆以总苞片而形成一致的头状花序。共13科1300余属，近22万种，除南极外，全球皆有分布。中国约有220属近3000种，分

盱眙山区野马追

布于全国各地，其中异裂菊属、复芒菊属、太行菊属、画笔菊属、重羽菊属、黄缨菊属、川木香属、球菊属、葶菊属、菊科、栌菊木属、蚂蚱腿子属、花佩属、华蟹甲草、华千里光属、紫菊属、君范菊属等 15 属为中国特有。形态功能头状花序或单生茎顶而成葶状草本（如蒲公英、雏菊属），或多数头状花序在茎枝顶端排成伞房、（如亚菊属）穗状、总状或圆锥花序（如蒿属），或多数头状花序密集排列成复头状花序（如蓝刺头属、地胆草属）。总苞片各色各样，或叶质或膜质，或绿或红或黄或黑或白色。总苞片组成的总苞，主要作用有：① 保护头状花序中的小花；② 吸引传粉昆虫；③ 保护果实或兼起传播果实的作用，如苍耳属的内层总苞片具有钩刺一样。

野马追产业自 2002 年被江苏省科技厅确定为苏北“星火带科技”先导型支柱产业以来，通过三年多时间的建设，取得了一定的成绩，至 2004 年已初步形成规模，2004 年全县种植中药材野马追达 2500 亩。

现代药理研究认为：野马追主含黄酮、生物碱、挥发油及香豆素等物质，从中可分离出金丝桃甙单体。科研人员惊奇地发现金丝桃甙可松弛支气管平滑肌，故而有神奇的平喘和降压作用。长期服用野马追有提高机体免疫力的功效。

野马追药材基源：为菊科植物尖佩兰的全草。采收和储藏：秋季采收，拣将，晒干。主治：甭肺止咳；化痰平喘；降血压。主支气管炎；咳嗽痰多；高血压病。生境分布：生于湿润山坡、草地或溪旁。

野马追喜温暖湿润气候。在 6、7 月高温多雨季节生长旺盛。耐寒，不怕水涝，喜肥，在土壤肥沃地区生长茂盛，以向阳、土层深厚、富含腐殖质的壤土或沙壤土栽培为宜；不宜在干燥、贫瘠和无灌溉条件下栽培。

野马追在历代本草中均没有记载，为苏北民间久已沿用的清热解毒药，用于治疗脓肿、肺炎、肺脓疡、肺结核等疾病，曾收入 1977 年版《中国药典》，1988 年收入江苏省地方药材标准。

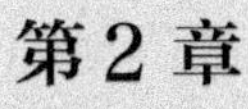

第2章 生物教学实践与乡土资源整合的WSW新模式

1. WSW 教学模式
2. 中学生物实践活动 WSW 模式的构建
3. 中学生物实践活动 WSW 模式的实施
4. 中学生物实践活动 WSW 模式的评价

❶ WSW 教学模式

1.1 概念

中学教学实践活动 WSW 模式,即实践活动的“问题(W)—实践(S)—问题(W)”的模式,主要内容是教师根据教学思考,确定实践课题,提出一系列问题,让学生带着问题去实践、经历、探究,然后相互交流、总结提高,最后培养学生提出新问题的能力,发展其创新思维、发散思维。

1.2 WSW 产生的背景

(1) 当代素质教育理论要求重视实践活动

素质教育是相对于应试教育提出来的,以全面提高学生综合素质为目标。这里的综合素质包括:适应社会的能力、终身学习的能力、自我发展与控制的能力、与人交流的能力、团队合作共创的能力、生活与生产的能力、审美能力、辨别是非和真善的能力,还包括正确的世界观、人生观、价值观等多方面的素质。其中的多种能力都属于实践能力,因此,经常开展实践活动有利于学生各种能力的提高。

(2)《基础教育课程改革纲要》对“实践能力”培养和“实践活动”开展的要求

《基础教育课程改革纲要》在课程改革目标中指出:新课程的培养目标应体现时代要求。使学生具有爱国主义、集体主义精神,热爱社会主义,继承和发扬中华民族的优秀传统;具有社会主义民主法治意识,遵守国家法律和社会公德;逐步形成正确的世界观、人生观、价值观;具有社会责任感,努力为人民服务;具有初步的创新精神、实践能力、科学和人文素养,以及环保意识;具有适应终身学习的基础知识、基本技能和方法;具有健壮的体魄和良好的心理素质,养成健康的审美情趣和生活方式,成为有理想、有道德、有文化、有纪律的一代新人。

《普通高中课程标准》规定:应在坚持使学生普遍达到基本要求的前提下,有一定的层次性和选择性,并开设选修课程,以利于学生获得更多的选择和发展的机会,为培养学生的生存能力、实践能力和创造能力打下良好的基础。

《基础教育课程改革纲要》对“教学过程”的要求是:教师在教学过程中

应与学生积极互动、共同发展，要处理好传授知识与培养能力的关系，注重培养学生的独立性和自主性，引导学生质疑、调查、探究，在实践中学习，促进学生在教师指导下主动地、富有个性地学习。

(3)《普通高中生物课程标准》注重实践活动

《普通高中生物课程标准》要求通过高中生物课程的学习，要在以下几个方面获得生物科学素养：获得生物科学和技术的基础知识，了解并关注这些知识在生活、生产和社会发展中的应用；提高对科学和探索未知世界的兴趣；养成科学态度和科学精神，树立创新意识，增强爱国主义情感和社会责任感，以及探索人与自然的相互关系，逐步形成科学的世界观和价值观。

1.3　WSW 的研究内容及研究价值

(1) 相关概念的界定

实践活动：指在学科类型课程之外，由教师有目的、有计划、有组织地通过多种活动项目和方式，综合运用所学知识，开设以科学性为前提，以学生为主体，以实践性、创造性、趣味性为主要特征的多种活动内容的活动。

教学模式："模式"一词是英文 model 的汉译名词。model 还译为"模型""范式""典型"等，一般指被研究对象在理论上的逻辑框架，是经验与理论之间的一种可操作性的知识系统，是再现现实的一种理论性的简化结构。教学模式可以定义为：在一定教学思想或教学理论指导下建立起来的、较为稳定的教学活动结构框架及活动程序。即在一定的教育理论和教育思想指导下，为设计和组织教学而在实践中建立起来的各种类型教学活动的基本结构。

有效性：主要是指在一段时间的教学之后，学生获得的具体的进步或发展。其衡量的标准是学生有无进步或发展，即学生学到了什么、学得怎么样。有效教学的理念源于 20 世纪前期西方教学科学化运动，特别是在英、美实用主义哲学和行为主义心理学影响下的教学效能核定运动之后，这一概念频繁地出现在英、美教育文献之中，引起了世界各国教育工作者的关注。

(2) 马克思主义"实践第一"的理论

"实践"的观点是马克思认识论首要的基本观点。人们通常用"实践第一"来表达实践对认识的基础作用，说明"实践"在认识和学习中的重要作用，坚持"实践第一"的观点对认清事物的本质及理论创新有重要意义。人们的认识是随着实践的发展而发展的。理论的总结和新理论的产生都必须从实际出发,要坚持一般理论和具体实践相结合。列宁说过:“生活、实践的观点应该是认识论的首要的和基本的观点。”

(3) 陶行知的“生活即教育”理论

教育家陶行知先生非常注重实践的作用,尤其是实践在教学中的重要作用。他的教育思想的核心是:“生活即教育”“社会即学校”。陶行知说:“受过某种教育的生活与没有受过某种教育的生活,摩擦起来,便发出生活的变化,即教育的火花。”生活中时时处处存在着矛盾,教育也就随时随地在发生作用。“过什么生活也便是在接受什么教育,过健康的生活,便是受健康的教育;过科学的生活,便是受科学的教育;过劳动的生活,便是受劳动的教育;过艺术的生活,便是受艺术的教育;过好的生活,便是受好的教育;过坏的生活,便是受坏的教育……”陶行知主张“行以求知知更行”,即“行(实践)—知(认识)—行(实践)”。他反对教育的“三脱离”,主张在做中教,在做中学,理论联系实际,提倡“做是学的中心,也是教的中心”,以及“生活教育内之教与学,必是以做为中心”的观点,这也正是我们今天的教育所提倡和推崇的。

1.4　WSW 研究成果及推广应用

(1) 实践环节一:提出问题(W)

提出问题是指教师根据教学内容或教学思考,确定实践活动的主题。根据主题,教师最好先进行实践,包括资料的查阅、过程亲自体验,并做好相关的准备工作,然后根据自己的思考提出学生实践活动的具体问题。这些问题应具有引导性、针对性和可操作性,让学生带着问题,有目的地进行实践。

我国古代伟大的思想家、教育家孔子说:“知之者不如好知者,好知者不如乐知者。”教学活动能否取得好的效果,使学生由被动接受转向主动学习,使学生由“苦学”转为“乐学”,关键在于教师能否激活学生的学习兴趣,创造出愉快的学习氛围。

生物世界多彩多姿,作为教育对象的中学生天真烂漫,充满奇思妙想,传授生物知识的课堂也应该是生动活泼、妙趣横生的。这样的课堂需要教师巧设问题,主动去创设问题情境,构建轻松、和谐的课堂氛围,只有在这样的“土壤”里,学生的思想才能获得真正的解放,进行发散性思维,才能引导学生萌发学习生物学知识的兴趣。

提出问题的过程一般包括教学实践思考,创设问题情境,从而提出实践

时的具体问题。这里，我们从以下两个方面进行讨论：

① 创设好问题的情境

情境就是学习的环境，广义是指作用于学习主体，使学习主体产生一定的情感反应的客观环境；狭义则是指在课堂教学环境中，作用于学生而引起学生积极学习情感反应的教学过程。

教学情境的创设，指的是在教学过程中为了达到既定的教学目的，从教学需要出发，引入、制造或创设与教学内容相适应的具体场景或氛围，引起学生的情感体验，帮助学生迅速而正确地理解教学内容，促进学生的心理机能全面和谐地发展，提高教学效率。

实践活动中创设情境，就是要创设有利于学生参与实践、自主实践的现实或模拟的环境。教学情景在教学中能为学生提供一个学习背景与氛围，使学生产生学习的需要，促进学生之间、师生之间的自主、互动学习，从而达到主动建构、自主发展的目的。

创设的情境要有利于营造教学氛围，引起学生情感感受，激发学生学习兴趣和学习内驱力，激活学生的思维。一个好的教学情境要能引起学生情感上的共鸣，要隐含教学问题，要能深层次地诱发学生主动思维，要简约、有效。

创设的情境要以真实情境为主，模拟情境为辅。在教学活动中，情境设置可通过多种途径实施，如语言、演示实验、表演、教具、多媒体等。其中，语言情境是最常被采用的方法，即教师充分利用自己和学生的知识和见闻，以精炼、形象的语言所创设的富有情节性的问题情境，以服务于既定的教学目的。随着现代教育技术的发展，多媒体创设被广泛应用。

② 提出问题的技巧

提出问题是创设情境的递进和延续，问题的提出可以促进思维的活跃，激发学生能动地、理性地思考、想象、探究。因此，发现问题和提出问题的能力的培养对于高中生物课堂教学来说尤为重要。《高中生物课程标准》中明确提出：初步学会生物科学探究的一般方法，发展学生提出问题、做出假设、制订计划、实施计划、得出结论、表达和交流的科学探究能力。

提出问题的要求是，问题要有一定的广度与深度，要注意层次性与递进性，要具有学习的价值；教师提问要具有概括性、引导性，要紧扣主题、抓住主干；要重视学生发现问题与提出问题的能力的培养；问题要注意指向实践活动内容的核心，要能与实践活动教学内容的重点和难点相对应。

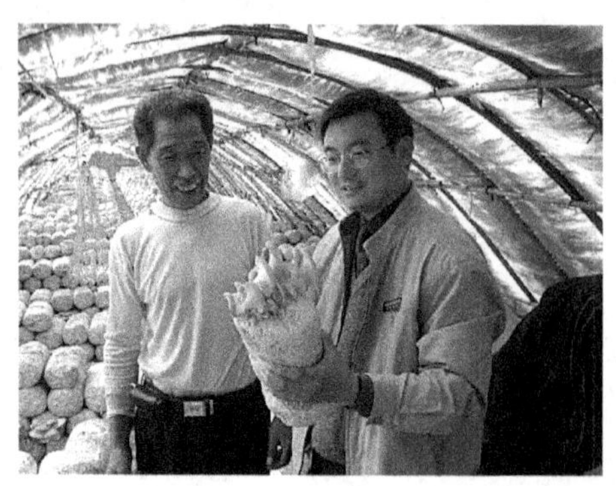

生物教师与平菇培育人员交流

【案例1】 实践内容：参观平菇培养基地

平菇培养技术是与高中生物知识“微生物的培养与应用”相联系的一门实用技术，教师联系课本知识，先查阅相关资料，然后自己提前到平菇培养基地去学习，了解有关知识，并与平菇培养技术人员进行交流，在充分掌握相关过程的情况下，在学生实践前，设计问题。先创设情境：平菇是我们经常在餐桌上见到的美味佳肴，含有人类必需的多种氨基酸、营养价值极高，同学们想亲自体验一下如何进行大规模培养吗？然后提出一系列实践问题：

① 平菇培养主要包括哪几个重要环节？

② 平菇大规模培养培养基配制用什么做原料？原料成本很高吗？

③ 大规模培养平菇如何进行培养基灭菌？与实验室操作相同吗？

④ 平菇培养时如何接种？

⑤ 平菇培养时的温度、湿度有何要求？

⑥ 接种后，外界条件适宜时，多长时间能够长出第一批平菇？

⑦ 平菇的产量如何？1公斤培养基能生产出多少新鲜的平菇？

⑧ 目前，平菇的市场价格如何？培养平菇获取的经济效益如何？

⑨ 通过在平菇培养基地的实践，你对生物学和生物学技术有什么新的看法？

从教师问题设置中，我们可以看出主题选定与课本知识具有一定的联系，并把课本知识进行了升华；在问题情境时，能够很好地激发兴趣；在设计问题时，由总体到细节，由浅入深，层层递进，既注重生产实际又联系课本，既关注理论价值又联系经济价值，既激发学生兴趣又不忘知识要求。

学生在平菇培养基地参观

【案例 2】　实践内容：辨认校园内常见植物并挂牌

教师在确定主题后分三步操作，提出了学生实践活动时应注意思考的问题。

第一步，确定实践目标。

① 知识方面。通过“辨认校园内常见植物类型”实践活动，让学生知道什么是一般的调查方法，怎样去设计调查方案，实地调查及调查后的整理、统计和分类并书写调查报告。

② 能力方面。通过实践活动提高学生的资料查阅、收集和分析的能力，培养学生主动获取知识的能力。

③ 思想情感方面。通过实践活动激发学生学习生物学的兴趣，培养学生热爱校园、热爱家乡、热爱大自然的情感。

第二步，确定重难点。

① 初步学会调查的基本方法，认识校园的主要植物是活动的重点。

中学生第一次接触调查活动，不太了解调查的目的、方法和步骤，常常感到无从下手，只有讲清了调查的方法，才能保证调查顺利地进行。而且，要想学好植物知识，必须从认识身边的植物做起。对于走出教室到大自然中去调查，去认识身边的植物，学生具有浓厚的兴趣和渴望。以此作为对学生进行生物兴趣培养的契机，学生也可以借此了解自己常年生活又不太熟悉的校园和家乡，并加强学生的环保意识。在调查植物的过程中，使学生初步掌握调查这种科学方法，并且通过调查活动培养学生的科学素质。如实事求是的科学态度、锲而不舍的精神，以及科学、严谨的作风和坚韧不拔的毅力等。

② 组织好学生进行有目的、有计划的调查活动是难点。

学生对走进大自然去调查充满兴趣和渴望，但中学生的自制力不强且各班的班组容量较大、不易管理，极易将调查活动搞成旅游或漫无边际的游玩，达不到实践的目的。因此，教师必须加强对学生的教育和指导，使学生增强集体意识和合作意识，通过组内互助等形式去主动获取知识，达到实践的目的。

第三步，创设情境，提出学生实践调查的问题。

校园环境优美怡人，为我们学习和生活创造了美丽的氛围，一年四季，向我们展现着各不相同的风景，构成这些风景的植物种类各异、各具特色，你能叫出这些植物的名字吗？你知道它们的生长特点吗？如果你是设计师，你会如何考虑校园植物的布局呢？在这种情境引领下提出实践活动的问题：

① 校园操场四周种植的高大植物是什么植物？种植在操场周围有何用意？校园中你能够认出哪些植物？对于不认识的植物，你采用什么方法或途径可以得到答案呢？

② 你能说出校园中的几种乔木和灌木吗？你是怎么区分乔木和灌木的？

③ 你能说出几种叶的形状？所有的植物都是先长叶，而后再开花吗？请举例说明。

④ 教室的南面和北面各种了哪些植物？这些植物有何差异？你认为校园植物的分布是否合理？请设计一个校园绿化的方案，同时考虑经济合理。

⑤ 你能举一些落叶植物与常绿植物吗？

⑥ 校园中种植的植物是否均无毒？有毒的植物能否种在校园中？

⑦ 你曾听说过用夹竹桃的枝条当筷子的事吗？结果如何？

⑧ 你认为在教室、办公室中摆放植物是否合适？

⑨ 若校园中以草代木，全部种上草坪，你认为怎样？植物对校园环境有何作用？

⑩ 植物的新品种是怎样产生的？

生物教师指导学生辨认校园内植物

教师在进行教学思考确定主题后，先确定实践活动的目标，然后在创设情境时抓住校园的特点和学生的心理，让学生在不知不觉中进入情境，产生浓厚的兴趣，在这样的条件下提出活动的问题，恰到好处、思路合理、引导性强。

带着这些问题调查，先让学生基本搞清木本植物与草本植物、乔木与灌木的区别，同时让学生在头脑中对一些常见的植物类群留个整体的印象。通过调查，很多学生就能认识到生物物种多样的必要性；通过交流，学生可以了解植物与环境（例如光、水、土壤等无机环境）是如何相适应的，了解日常生活中的香料、软木塞、干花装饰品等与植物之间具有密不可分的关系。学生的学习兴趣被完全调动起来，自然而然地就会产生保护生态环境的意识。

这些问题的提出，使学生在实践过程中有了观察、研究、思考的方向，是

做好实践活动的关键启动因子。问题的思路直接影响着实践的过程。

(2) 实践环节二：进行实践(S)

进行实践的过程是一个经历参与的过程，同时也是探究、思考、动手操作的过程。这一环节教师要做到周密安排、精心指导。

首先，对学生进行分组。

整个班级人数往往较多，实践不适合整体以大组为单位进行，为了便于操作，往往可把一个班级分成若干小组。分组具体的人员多少根据不同的实践内容而定，如观察类实践可 5 ~ 8 人一个小组，制作类实践可 3 ~ 4 人一个小组，调查访谈类实践可 3 ~ 6 人一个小组，研究性学习类可 4 ~ 6 人一个小组，小型动手操作类可 1 ~ 2 人一组。小组的人员组成可同学自由组合，也可由教师进行划分。

其次，做好各项准备工作。

准备工作包括安全知识的强调、组织纪律的要求，以及安排学生带好必要的材料、器具等，特别是室外实践活动更要注意细节，做到周密安排。

最后，精心做好过程指导。

在实践过程中，要以学生参与为主，体现出学生的主体地位。在操作性实践中，要让学生亲身经历和感受过程，教师的引导主要是鼓励学生去动手、去思考、去探究、去提出一些新问题，让学生在实践中自己获取知识，更关键的是找到解决问题的途径。

【案例 3】 实践内容：参观平菇培养基地实践过程

① 把班级 52 名学生分为 7 组，前 4 组每组 7 人，后 3 组每组 8 人，每组自由推选 1 名小组长，让小组长对组内成员进行统领并进一步分工。

② 对学生进行安全教育、纪律教育，统一校服。要求学生文明实践过程，建议带上笔、记录本进行记录。

③ 整队出发(和返回)。

④ 带着问题实践(把问题打印在纸上发给学生)。

⑤ 安排各小组长记录好实践时产生的问题，组内讨论。

⑥ 各小组自主管理，最后评比文明先进组。

⑦ 请菇农现场集中答疑。

在此环节中，教师能够充分利用学生的自主管理意识，分组实践，把握过程细节，渗透纪律教育、安全教育、集体主义观念教育等，并让学生注意观察、

思考、总结,既调动了学生参与的积极性、主动性,又不限制学生思维空间,能够使学生在一种既有序又宽松、活泼的氛围中去实践、学习、探索和提高。

(3) 实践环节三:提出新问题(W)

学生在学习新知识的过程中往往具有好奇心,教师如果能够适时地通过问题把握学生好奇的心理,就可以激发学生渴求新知的内在动力,即学习兴趣,使教学过程很快地互动起来。

本环节主要从“交流展示,共享提高,引发新问题”三个方面进行把握。

① 交流展示

先让学生在小组内进行总结,或个人写感受、谈感受,然后展示小组或个人的成果。之后,进行总结交流。教师安排各小组成员在组内相互总结、交流,可以采取发言、书写心得体会、展示自己的收获和成果、谈自己的不足、谈对别人操作的看法和建议,以及相互改进的措施等,利用学生的集体智慧来提高实践活动效果。

小组合作探究校园内植物

【案例4】 实践活动:尝试辨认校园内常见植物并组织挂牌

下面是教师收集的部分学生实践后的感悟或体会中部分的语句,既展示了学生的个性和兴趣,又体现了真实的情感和思想。

沈思清:在今后的学习中,我要认真学习生物,通过知识来了解一切生命体中所蕴含的美,体验一切生命乐曲跃动的感觉。

王海洋:大自然真是太神奇了,我一定要好好学习,希望将来能做进一步的研究,为整个人类带来福音。

朱健:生物真是太美丽、太奇特了!

吴倩:冬日里的精灵很美,我们要学习这些植物精灵的坚强意志。

钱小豪：生物实践不仅让我们认识、了解了一些植物，更让我们对生物这门学科产生了兴趣。

李丽华：让我们一起走近心灵，倾听心灵的跳动；让我们一起走进自然，聆听自然的旋律。

彭思雨：认识了校园内的一些植物，激发了我们学习生物的激情和热情，使我们很有成就感。

王晓伟：户外生物课上，许多琐碎的生物知识点竟然那样地容易记住。

于小桥：我们要学会和大自然友好相处，实现人与自然和谐统一。

张茜：科学是无止境的前方，将有许多知识等待我们去探索。

王程：平日里觉得不起眼的植物，经过老师的讲解，顿时觉得它们很了不起。

李世华：大自然，你多么让人感叹，多么让人向往！与你近距离接触了，才知道你的温馨和神奇。

② 共享提高

这一阶段主要是成果的展示和收获的汇总，通过这一活动让学生感受到实践活动收获的快乐，享受实践活动的成功之美，既激发学生热爱科学、热爱生命、热爱生活的感情，又为学生发散性思维的产生、引发新问题做铺垫。

具体形式多种多样，如各组可以用代表发言的形式，在班级做演讲；也可以把实践的心得集中在报栏中展示；还可以把手工操作的成果进行集中展示，展示时贴上标签，注明制作人、制作时间等。这些操作既展示了学生的作品，也增强了学生的自豪感和自信心。

【案例5】 实践活动：书写DNA小论文

下面是教师收集的一位学生的作品，写得成熟、洒脱、富有文学味。

感叹生命的美丽

（乔乐涵）

你能想象吗？生命如此复杂，如此美丽，而生命与生命的连接点就是DNA。生命代代相传，就是通过DNA上的基因，把遗传信息传递给下一代的！

我要赞叹生命的美丽，更加赞叹DNA的神奇。从地球上有了生命的那一刻起，DNA就与生命紧密地联系在了一起，生生世世，繁衍不息……从而造就了文明的人类和美丽的大自然。DNA的贡献功不可没，它使我们遗传了祖先的一切，使人类生命越来越神奇，越来越美丽。

在非洲的戈壁滩上，有一种小花叫依米。它需要五年的时间才能完成根茎的穿插工作。然后，一点一点地蓄积养分，在第六年春，才在地面吐绿绽翠，开出一朵朵小小的红、白、黄、蓝四色鲜花。但这种极难长成的依米小花，花期并不长，仅仅两天，它便会随母株一起"香消玉殒"。

如此独特的小花，它的生命如此令人惊叹，但我们不必为它担忧。神奇的DNA是主要的遗传物质，它让生存艰难的依米小花能在万物中世世代代繁衍下去。

DNA在哪里？
DNA是什么？
悠悠百年，寻寻觅觅，生命的图案，扑朔迷离。
从信息到物质，从蓝图到现实，
繁复、简约、粗放、精细，
是谁创造出如此的和谐与统一？
遗传伴随着变异，泛起进化的层层涟漪。
几多辉煌，几多遗憾，
拨开那亿万年的迷雾，寻觅着生命史的真容。
生命如此绚烂，DNA如此神奇……
DNA滋养生物不断繁衍，推动生物不断进化！
是DNA创造了生物学史上一个又一个神话！
是DNA让生命之花开得更加美丽璀璨！

③ 引发新问题

这是对"交流展示，共享提高"的升华，是引发学生质疑和产生发散性思维的关键。

教师在这个环节把握的关键是要做好引导、鼓励，并可以让学生把产生的问题书写起来。

【案例6】　实践活动：辨认校园内常见植物并挂牌

下面是教师在该活动中收集的学生主动提出的部分问题：

① 杨树形成大蘑菇形状的原因是什么？

② 树木年轮是怎样形成的？不同圈层颜色不同又代表什么？

③ 桃树上产生的胶状透明物质是什么？是如何产生的？

④ 常绿的松树,决定它一年四季常青的原因是什么?

⑤ 樟树具有抗虫性,怎么也会被一些害虫所侵略呢?

⑥ 为什么有些植物会出现感性运动? 作用机理是什么?

⑦ 校园里应该选择哪些植物来净化环境呢? 怎样布局?

⑧ 校园里在选择植物时,除了用于观赏之外,还要考虑哪些方面呢?

⑨ 如果动物细胞也有叶绿体和液泡,那么动物还会有皱纹吗,还需要吃饭吗?

⑩ 被子植物和裸子植物谁的有氧呼吸更快呢?

⑪ 双子叶和单子叶植物在同一温度下谁产生的氧气更多? 谁光合作用强?

⑫ 植物的香味从何而来? 这种香味能否影响其他植物生长?

⑬ 植物生长环境的改变能改变植物哪些特征?

⑭ 植物会生病吗? 往往是什么原因引起的? 怎样预防和治疗?

⑮ 校园里的植物是否形成一个小生物圈?

⑯ 落叶植物冬天是否还继续生长?

⑰ 植物根系是通过什么吸收水分?

⑱ 各种植物在一起生长是否相互影响?

⑲ 是否日照时间越长生长就越快?

⑳ 为什么有的花白天开放晚上就合拢,而有的花夜晚开放?

㉑ 常青树的叶片为什么不会发黄凋落?

㉒ 同属于松类的植物的叶子有针状的,有片状的,为什么?

㉓ 太阳花是否真的和太阳光照射有关?

㉔ 植物生长的最佳温度和时间如何确定?

㉕ 植物叶片的两面为什么颜色不同,各自有什么作用?

㉖ 叶片多为锯齿状,有何作用?

㉗ 桂花为什么叶子常青而花却不长久呢?

㉘ 花草千万种,是否有共同的祖先?

㉙ 落叶植物冬季是否进行光合作用? 是否持续生长?

㉚ 植物叶阳面的光合作用是否大于阴面?

从学生提出的问题来看,有些学生提出的问题层次较低,探究价值不大;有些学生提出的问题是经过在自己头脑中认真加工和反复推敲而产生的,有进一步引导其研究的价值；有些问题的提出甚至是错误的，在这种情况下，也要朝好的方向进行引导，但要注意保护其质疑精神即提出问题的积极性，不能简单地一概而论。因此，在此环节中，教师的指导性、引导性和启发性仍然起着非常关键的作用。

根据学生提出的不同问题，教师还可以从中了解学生对书本理论知识的掌握情况，从而进行分类指导，提高学生理论知识的掌握程度，并积极鼓励、激发学生进一步思考和探究的潜力。

❷ 中学生物实践活动 WSW 模式的构建

WSW（问题—实践—问题）模式旨在要求教师在指导学生进行快乐实践的同时，还要注重引导、促进学生合作交流能力的提高，引导学生产生新的疑问。

一般来说，WSW 实践活动模式分为三个环节：第一步主要是用“问题”进行引导，第二步是进行“实践”活动，第三步是利用学生发散思维和创新思维，引导其发现新问题，提出新问题。

具体的高中生物实践活动 WSW 教学模式构建如下：

高中生物实践活动 WSW 教学模式构建图

在 WSW 模式中，第一步 W（问题），对于教师来说是“提出问题”，对于学生来说是“思考问题”；第二步 S（实践），对于教师来说是“指导实践”，对于学生来说是“进行实践”；第三步 W（问题），对于教师来说是“引发新问题”，对于学生来说是“提出新问题”。在此三个环节中，教师的引导和指导非常关键，每个环节都既要激发学生兴趣，又要指导好过程，让学生在快乐中实践，在思考中提高。学生的主体性在实践过程中要充分发挥，要使实践活动三环节在一种和谐欢愉、轻松自然、合作共享中完成。

③ 中学生物实践活动 WSW 模式的实施

3.1　中学生物实践活动 WSW 模式教师三环节操作说明

(1) 第一环节：提出问题

这一环节往往要从“教学思考、确定主题、提出问题”三个方面把握。

教学思考是教师结合《普通高中生物课程标准》和教材上的相关教学内容，联系生产生活和当地学校资源的实际，思考选择什么样的主题比较合适，既要有利于学生联系理论知识，又能有助于学生提高实践能力，以及在创新思维中提出新问题的能力。如当地环境资源可与中学生物知识“种群和群落”“生态环境的保护”相联系，可确定环境调查、种群和群落调查方面的实践主题。

确定主题是指确定实践活动的主题，要求具有可操作性，要与课本理论知识相关联，同时又能调动学生实践的积极性。比如，在学习《微生物的培养》的时候，可根据实际情况，选择参观平菇生产基地等。

确定主题后，提出问题要有概括性、科学性、引导性和趣味性。概括性是指提出的问题要能够抓住活动的主要内容和项目；科学性是问题要具有科学的依据，指导学生用科学方法进行实践；引导性是指问题要有一定的顺序，引导学生在实践时注意各环节的细节；趣味性是指教师的问题要能激发学生的实践兴趣，使学生能够带着快乐的好奇的心情进行实践。

(2) 第二环节：指导实践

该环节要做好两个方面，即周密安排，精心指导。

教师在组织实践活动之前一定要做到周密安排，特别是室外实践，需要进行安全纪律教育、与实践基地联系、学生分组、资料查阅、服务实施和准备等。

精心指导是教师对实践过程的指导要细心周到，做好解释、协调和统领工作，确保整个过程中学生能够主动参与、相互合作、积极思维、快乐体验。

(3) 第三环节：引发新问题

这个环节是对前两个环节的升华，爱因斯坦说：“提出一个问题，往往比解决一个问题更重要。”因此，“引发新问题”非常重要。

教师可以从三个方面进行把握，即促进交流、引导展示、引发新问题。

促进交流是指教师要为学生的交流营造出一个适合的环境，让学生在实践过程中或实践活动后进行交流，根据各个实践活动的不同特点，利用适合的交流方式，如分组交流、各组派代表进行交流、个别交流等。交流的途径可以是学生与学生之间交流，也可以是教师与学生之间交流。交流可以融会贯通、取长补短、相互学习、共同提高。

引导展示是指教师可以用适当的方式把学生在实践活动中的成果进行展示，进一步激发学生的兴趣，使之体验成功的快乐。

促进交流和引导展示都是引发学生新问题的基础和关键，做好这些基本环节，学生的新问题就会在实践、思考、交流、展示中产生出来。

3.2 中学生物实践活动 WSW 模式的操作重点

在应用中学生物实践活动 WSW 模式时，要根据不同类型实践活动的具体情况有所侧重，要适时调整操作细节。通常来说，第一环节和第三环节的变动不会太大，第二环节有时候需要做出比较大的调整。

(1) 根据实践活动的操作方式，可以简单地分为动手操作类、观察调查类、查阅资料书写类

在指导实践时分组情况可这样安排：动手操作类可以 2 ~4 人一组；观察调查类每组人数可以多一些，4 ~8 人一组；查阅资料书写类每组人数应少一些，可以 1 ~2 人一组，这样更便于操作。

(2) 根据实践活动的场所，可以分为室内实践和室外实践

室外实践在户外进行，在指导实践的过程中，更应重视细节的组织，如室外行动的安全、纪律、时间等方面的安排。室内实践应更注重操作细节、操作规范和准确程度的把握。

④ 中学生物实践活动 WSW 模式的评价

根据我国中学教育的实际情况，结合新时期中学生的特点，对中学生物实践的 WSW 模式进行研究的方法有：文献查阅、问卷调查、实践操作和实验研究等，本书对此不做进一步阐述。通过诸类方法及课堂实际观察，归纳总结，可以对中学生物实践活动 WSW 模式进行评价。

4.1　中学生物实践活动 WSW 模式是一种有效的模式

我们可以通过案例 7 加以说明。

【案例 7】　把 6 个平行班级分成两组，其中(1)(2)(3)班为采用 WSW 模式的实验班，(4)(5)(6)班为没有采用该模式的非实验班，即对照班。通过对开展 WSW 模式实践活动前后的问卷调查，以及对实验班和对照班的测试成绩进行的统计分析，结果如下：

① 三个实验班应用 WSW 模式开展六次实践活动后，对生物学科“非常感兴趣”的比例由第一次调查的 13% 提高到第二次调查的 48%，“比较感兴趣”以上的比例由第一次调查的 75% 提高到第二次调查的 92%，说明中学生物实践活动的 WSW 模式有利于提高学生学习生物的兴趣。

② WSW 模式实践活动开展之前，(1)(2)(3)三个实验班级平均成绩是 64.8 分，同样的试卷，对照班(4)(5)(6)三个班的平均成绩是 65.6 分，基本平行，差距在 1 分以内。经过六次 WSW 模式实践活动后，再次测试，(1)(2)(3)三个实验班级平均成绩分别是 69.4 分、68.4 分、69.2 分，三个实验班的平均成绩为 69.0 分；而对照班(4)(5)(6)三个班的平均成绩分别为 65.4 分、64.7 分、66.5 分，三个对照班的平均成绩为 65.5 分，比实验班的平均成绩低了 4.5 分，且优秀率和及格率都比实验班低。由此可以看出，生物实践活动的 WSW 模式有利于提高学生生物学科成绩。

③ 根据问卷调查，通过中学生物 WSW 模式实践活动，认为“能提高动手能力”的学生比例由 97% 上升到 98%，认为“能提高思维能力”的学生比例由 90% 提高到 93%，认为“能提高自学能力”的学生比例由 89% 提高到 97%。

综上可得：中学生物实践活动 WSW 模式能提高学生学习兴趣和学习成绩，是中学生物实践活动的一种有效模式。

4.2　中学生物实践活动 WSW 模式有利于促进学生独立思考和自主探究

中学生物活动 WSW 模式可通过对学生提出问题能力的培养来提高学生独立思考和自主探究的能力。案例 7 的统计结果表明：

① 三个实验班在进行六次 WSW 模式实践活动后，学生自己对于在实践活动时“会进一步提出一些新问题”的认同率由最初的 36% 提高到 68%。

② 学生对于用 WSW 模式有助于提高“提出新问题”的认同率由最初的 73% 提高到 92%。

③ 由实践过程可以看出学生“提问意识”和“提问行为”的变化：有些同学由原来的“没有问题”变为“也提一些问题了”，有些同学由原来的“提一些简单问题”转向“提一些经过思考的问题了”，还有些同学主动在笔记本上记下一些新发现的问题……由此可见，经过 WSW 模式实践活动的教学，学生逐渐由“无问题”向“有问题”“多问题”“好问题”转变。

科学始于问题，能够提出问题的学生是善于思考的学生，有了问题，学生才有进一步探究的动力。提问能力的提高，说明学生独立思考的能力提高了，自主探究的主动性提高了。这些都说明，中学生物活动 WSW 模式有利于促进学生独立思考和自主探究的能力。

4.3　形成了农村高中生物实践活动与乡土资源整合的 WSW 模式的评价体系

从“WSW”即“问题、实践、新问题”三个维度，围绕教师的“提出问题”“指导实践”“引发新问题”和学生的“思考问题”“进行实践”“提出新问题”六个视角，分解成教师的“教学思考、确定主题、提出问题、周密安排，精心指导、促进交流、引导展示、引发新问题”和学生的“思考问题、参与实践、交流分享、创新提高”共十多个二级评价指标。

农村高中生物实践活动与乡土资源整合的 WSW 模式教学综合评价表

评价维度	评价项目	评价要点	分值	得分
教师的WSW	1. 教学思考、确定主题	教师结合《标准》和教材，联系生产、生活和当地、学校资源的实际	10	
	2. 提出问题	问题具有针对性和递进性，能够围绕活动引发学生深层次思维	10	
	3. 周密安排	安全纪律教育、与实践基地进行联系、学生分组、资料查阅、实施准备	10	
	4. 精心指导	做好协调和统领工作，确保整个过程中学生能够主动参与、相互合作、积极思维、快乐体验	10	
	5. 促进交流	创造好的交流环境，让学生进行交流、取长补短、相互学习、共同提高	10	
	6. 引导展示、引发新问题	激发学生兴趣，使之体验成功的快乐，能体现引导性，组织有序，灵活多样	10	

续表

评价维度	评价项目	评价要点	分值	得分
学生的WSW	7. 思考问题	学生主动思考、积极发言	10	
	8. 参与实践	学生全员参与、气氛活跃	10	
	9. 交流分享	学生在教师调控下自主交流、分享成果	10	
	10. 创新提高	积极提出新问题,情感愉悦,思维活跃	10	
总分:(85 分以上为优,75 ~ 84 分为良,60 ~ 74 分为合格,60 分以下为不合格)。				
简评				

该评价体系基本上能够覆盖“农村中学生物实践活动与乡土资源整合的 WSW 模式”的全过程,并对教育创新具有一定的促进作用。

4.4　关于中学生物 WSW 模式实施的思考和局限性

通过对中学生物实践活动 WSW 模式的研究和实践,一方面可以了解目前中学生物实践活动的开展现状;另一方面 WSW 模式的开展也为广大中学生物教师的教学提供了一些有益的帮助。但是由于众多条件的限制,使得本研究还有一些值得思考的地方。

(1) 关于 WSW 模式实施的思考

“学以致用”是乡土资源与中学生物实践活动整合研究的核心思想,学生在应用的过程中综合能力提高很快。“学用结合”“在用中学”使学习更有意义,在应用的过程中,学生可以对知识进行重组和更新,加深对理论知识的理解。

“引导学生提出新问题” 是乡土资源与生物实践活动整合的 WSW 模式的高级目标。乡土资源与中学生物实践活动整合 WSW 模式的关键是通过教师提问、学生实践,引导“学生提出新问题”,为培养学生的创新思维奠定基础。

要用开放的视野进行乡土资源与生物实践活动整合。乡土资源是变化和发展的,不同的教师、不同的学生、不同的环境下利用乡土资源开展实践活动的效果是不同的,所以,在利用一定模式开展生物实践活动的时候,应考虑到因人、因事而异,以期达到最佳效果。

(2) 乡土资源与高中生物实践活动整合研究 WSW 模式的局限性

由于众多原因,乡土资源与中学生物实践活动整合 WSW 模式实施的过程中也会受到诸多条件的限制。第一,受地区地理环境、气候条件的影响,某个地方的乡土资源的种类往往是有限的;第二,实践活动的开展需要消耗较多的教学时间,在中学教学时间紧张的情况下,实践活动的开展次数和范围受到限制;第三,由于受到升学压力的影响,部分学生对开展实践活动态度不够积极、深入思考程度不高;第四,研究对象的选取往往受区域的限制,结果可能和其他地区存在一定的差异;第五,有的实践活动可以运用多种资源进行,但乡土资源只能进行部分操作,可能使实践活动操作不够全面;第六,评价体系还不够完善。这些都需要在实践过程中去尝试、探索和提高。

附　抽样问卷调查表

亲爱的同学：你好！本问卷是为了了解高中生物实践活动开展情况的，你无须填写班级和姓名，你的回答对我们了解实际情况很重要，请你认真诚实地回答所有问题。在此对你的配合与帮助表示衷心的感谢。（请在选项后面的□ 中画√）

一、你的基本情况：

1. 性别：男 □　　　　女 □

2. 年级：高一 □　　高二 □　　高三 □

二、调查的问题：

1. 你对生物学科感兴趣吗？

非常感兴趣 □　比较感兴趣 □　一般 □　不 □

2. 上生物课时，老师经常采用哪种教学方式？

教师讲授式 □　自学式 □　讨论式 □

理论与实践结合式 □

3. 你的生物老师经常带领同学进行实践活动吗？

经常 □　很少 □　从来没有 □

4. 你比较喜欢哪种教学方式？

教师讲授式 □　自学式 □　讨论式 □

理论与实践结合式 □

5. 你认为学高中生物时，开展实践活动有必要吗？

非常有必要 □　无所谓 □　没有必要 □

6. 在老师没有布置的情况下，你会主动地进行生物实践吗？

经常 □　偶尔 □　从来没有 □

7. 如果你是高中生物老师，你会经常创造机会让学生进行实践活动吗？

会经常 □　偶尔 □　不会 □

8. 你认为学校应该重视生物实践活动的开展吗？

应该重视 □　应该更重视理论 □

9. 你认为生物实践活动的开展,需要讲究方式方法吗?

需要科学有效的方式 □　不需要,只要参与就行了 □

10. 你有经常到大自然感受自然界的奇特创造力并思考很多问题吗?

经常 □　偶尔 □　经常到大自然中但没思考问题 □

11. 在完成某项实践活动时,你会进一步提出一些新问题吗?

是 □　偶尔 □　没有 □

12. 你认为实践活动可以提高同学们的哪些能力?(可多选)

动手操作能力 □　思维能力 □　提出新问题的能力 □

合作与交流能力 □　自学能力 □

第3章 WSW新模式的教学实践研究

1. 认识校园植物并制作标识牌
2. 认识和培养平菇
3. 草莓的培育
4. 果酒、果醋的制作
5. 美味腐乳的制作

“常来盱眙，心旷神怡”这句经典的俗语为每个盱眙人所熟知。盱眙，物产丰富、人杰地灵，孕育了种类繁多的生物。通过实践活动能使学生了解一些常见的生物，丰富学生的知识；通过综合实践活动能使学生走进生活，在实践中学习、提高；通过了解自己家乡的特色资源，能增进学生热爱家乡的情感。

在本部分的阐述中，一方面我们选取了盱眙常见的平菇、草莓、果酒和果醋、腐乳等产品，便于学生理解和动手操作。另一方面，盱眙作为中国的凹土之都，凹土、软磁铁唾手可得，这些都是制作生物模型的优良材料，学生理解与操作起来也非常方便。

❶ 认识校园植物并制作标识牌

学校是学生学习、生活的地方，良好的校园环境能愉悦学生的身心，让每一个学生都能在园林式的环境中感受到浓浓的书香气息，从而提高学生的学习积极性。而熟悉校园的一草一木更能让学生亲近自然，热爱生活，热爱学习。

可以简单设计一个对校园植物辨认和挂牌的实践流程，由教师带领学生先熟悉学校常见的植物，再由教师指导学生自己动手查阅资料，最终将各种植物的名称、属种、介绍等制成标识牌进行悬挂。

学生给校园植物制作标识牌

1.1　提出问题

刚升入中学的学生，总是感觉中学校园非常新鲜。教师可以借机提出一些问题：如此美丽的校园有那么多花草树木，大家都认识吗？学生可能会回答，只认识其中的一小部分。教师可以继续提出问题：同学们想一想，用什么办法可以让我们认识校园里的每一种植物呢？有的同学可能会想到在植物园、公园等地方见过植物标识牌，于是提出可以为校园植物也挂上类似的标

识牌，这样不仅自己认识了，也让其他同学认识了，从而增长了生物知识。

1.2 实践前的准备

学生提出问题后，教师要为此次实践活动的实施进行必要的指导。教师可以这样引导：整个校园内的植物挂牌工作如果只由一个班级来完成，工作量太大，怎么样才可以做到高效而有序呢？学生可能很快就会想到分组。教师于是就可以引导同学们把校园分成若干个责任区域，每个班级负责一个区域。每个班级再分成若干个小组，进行更详细的分工，分别承担植物的辨认、资料的收集和标识牌的设计制作等工作。

1.3 实施过程

（1）植物识别

各班在课余时间先观察校园植物的形态结构，利用已有生物学知识进行初步识别，不认识的可以暂时做上记号。

（2）资料收集

对于不认识的植物，学生可以咨询教师，还弄不清楚的可以由教师请教有关专家。把所有植物辨认完之后，学生通过上网或查看有关书籍收集植物的学名、俗名和生活习性等资料。

（3）标识牌的设计与制作

在教师的指导下，学生自行设计与制作标识牌，标识牌应力求简洁、美观。标识牌中的信息应包括植物的学名、俗名、生活习性、指导教师等内容，让人一看就能对植物有一个较详细的了解。

（4）悬挂标识牌

植物信息收集完毕，标识牌制作好之后，教师就可以指导学生悬挂了。悬挂时应注意不要影响植物原有的美感和正常的生长。（注意：尤其是悬挂标识牌的工具不能用铁丝，否则时间久了，铁丝长进树干中，会导致树木受损或死亡。）

1.4 讨论与交流

（1）讨论

各班各小组通过讨论，可以发现植物挂牌活动中需要注意的问题。比如：怎样做才能让标识牌在长期的风吹日晒中不被损坏？悬挂标识牌时用什么材质的工具能够不影响植物的正常生长？等等。

（2）交流

各班负责的区域全部完成后，可以进行交流与比较，通过交流与比较，各班之间优势互补、共同进步。这无形中又培养了学生的合作与交流能力。

给校园植物挂牌这堂生动的生物实践课，提高了学生学习生物科学的兴趣，培养了学生多动脑、勤动手的好习惯，同时也丰富了校园文化生活，提升了学校的文化内涵。

1.5 中学校园内的常见植物

（1）樟树

校园常见植物——香樟

樟树是属于樟科的常绿性乔木，为优秀的园林绿化林木。树皮幼时绿色，平滑；老时渐变为黄褐色或灰褐色纵裂。冬芽卵圆形。叶薄革质，卵形或椭圆状卵形。花黄绿色，春天开，圆锥花序腋出，又小又多。球形的小果实成熟后为黑紫色。灰褐色的树皮有细致的深沟纵裂纹。樟树全株具有樟脑般的清香，可驱虫，而且味道永远不会消失。叶互生，薄革质，树干有明显的纵向龟裂，极容易辨认。据说因为樟树木材上有许多纹路，像是大有文章的意思，所以就在“章”字旁加一个木字作为树名。香樟树用途广泛，经济价值很高。

樟树作为常绿乔木，它的常绿不是不落叶，而是春天新叶长成后，老叶才开始脱落，所以一年四季都呈现绿意盎然的景象。

校园常绿植物——大叶黄杨

盱眙县盱眙中学、马坝高级中学、马坝初中、都梁中学、盱眙县实验中学等校园内均有樟树分布。

（2）大叶黄杨

大叶黄杨，因一年四季常绿，故俗称冬青树，灌木或小乔木。比较喜光，亦较耐荫。喜温暖湿润气候亦较耐寒。生山地、山谷、河岸或山坡林下。要求肥沃疏松的土壤,极耐修剪整形。

大叶黄杨在马坝高级中学、都梁中学、盱眙县实验中学等校园内分布较广。

(3) 广玉兰

广玉兰,常绿乔木,由于开花很大,形似荷花,故又称“荷花玉兰”。广玉兰原产于美洲,所以又有人称它为“洋玉兰”。可入药,也可做道路绿化。荷花玉兰树姿雄伟壮丽,叶阔荫浓,花似荷花芳香馥郁,为美化树种,耐烟抗风,对二氧化硫等有毒气体有较强抗性,可用于净化空气,保护环境。

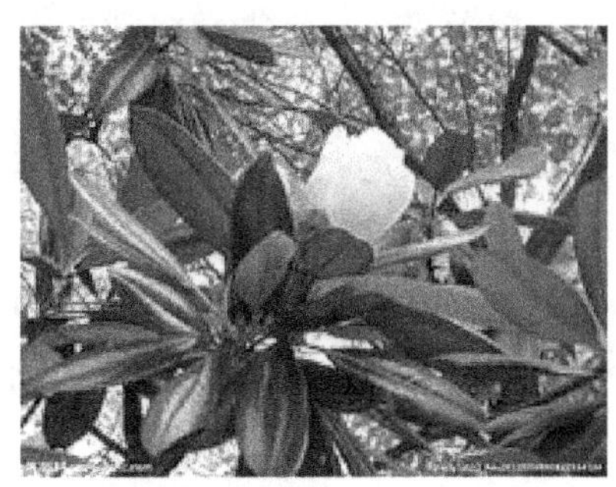

校园常见绿化植物——广玉兰

广玉兰在马坝高级中学、都梁中学等校园内分布较多。

(4) 侧柏(裸子植物)

常绿木本,叶鳞片形,交互对生,小枝在同一平面上。

在马坝高级中学等几所校园中,侧柏作为校园栅栏护栏植物,随处可见。

(5) 圆柏(裸子植物)

常绿木本,叶鳞片形兼有刺形,或仅具刺形叶,叶基下延。

都梁中学等几所校园,把圆柏作为校园栅栏护栏植物。

(6) 芭蕉

多年生草本,具匍匐茎。假茎绿或黄绿,略被白粉;叶片基部圆形,不对称,叶柄长 30 厘米,叶翼开张;穗状花序下垂,苞片红褐或紫;黄色肉质果实,有多颗种子。

芭蕉在盱眙县第一中学等校园内有大量分布。

校园观赏植物——大叶芭蕉

(7) 栀子花

栀子花又名栀子,栀子属的常绿灌木,喜欢温暖湿润和阳光充足的环境,较耐寒,耐半阴,怕积水,要求疏松、肥沃和酸性的沙壤土,原产于中国。栀子花枝叶繁茂,叶色四季常绿,花芳香素雅,为重要的庭院观赏植物。除观赏外,其花、果实、叶和根可入药,有泻火除烦、清热利尿、凉血解毒之功效。

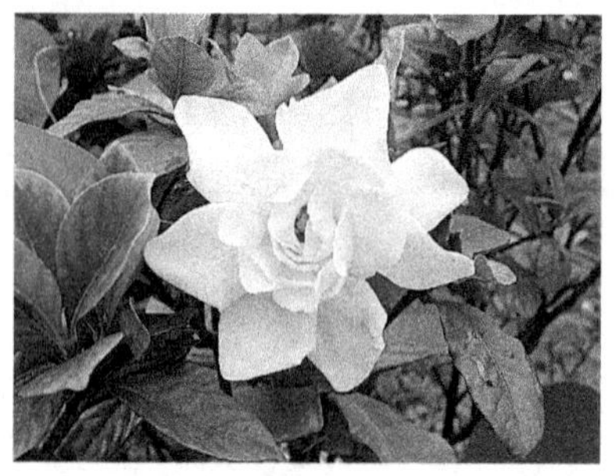

茜草科植物——栀子

栀子花在盱眙中学校园外围、都梁中学校园内分布较多。

(8) 桂花

桂花为常绿阔叶乔木,高 3 ~ 15 米。树冠多为圆球形,生长 3 ~5 年的桂花树冠为长圆球形或扁圆球形。整个树型浑厚丰满,叶色浓绿,郁郁葱葱,细致下垂,婀娜多姿,十分壮观。树皮粗糙,灰褐色或灰白色。树干粗糙,灰白色。叶革质,对生,椭圆形或长椭圆形,幼叶边缘有锯齿。花果实为核果,紫黑色,椭圆形,俗称桂子。花冠分裂至基部,有乳白、黄、橙红等色,香气极浓。

桂花在盱眙中学、马坝高级中学、新马高中、都梁中学等很多校园内均有分布。

❷ 认识和培养平菇

俗话说:四条腿的食物不如两条腿的食物,两条腿的食物不如一条腿的食物。这里所说的一条腿的食物指的就是菇类,菇类中的平菇属于真菌类,营养丰富,老少皆宜。平菇富含蛋白质,而且氨基酸成分种类齐全,矿物质含量非常丰富。平菇无论是炖、炒还是做汤,都是非常美味的食物。中医认为平菇性温、味甘,具有追风散寒、舒筋活络的功效,可用于治腰腿疼痛、手足麻木、筋络不通等病症。平菇中的蛋白多糖体对癌细胞有很强的抑制作用,能增强机体免疫功能。

平菇种植一般以大棚规模化为主,是农民增收的一条快速通道。种植平菇成本低、时间短、效益高,而且制作一次培养料可以多次培养平菇,有效地降低了成本,所以种植平菇也是一条致富的途径。

盱眙县各乡镇都有平菇种植基地,有的甚至规模、名气都很大,如维桥平菇种植基地、五墩平菇种植基地等。无论是规模化还是家庭小规模经营的基地,都便于学生参观学习。这里简要介绍平菇的培育生产过程。

2.1 平菇的种植和收获

(1) 大棚栽培

栽培平菇要有一定的散射光,能保温保湿,可通风换气,地面平整光滑,周围环境清洁卫生,门窗装有防虫的纱网。一般选用透明的塑料薄膜大棚。

(2) 品种选择

应根据接种季节、栽培场所、培养料种类、栽培方式及市场要求等选择适宜品种。秋冬宜用中、低温型品种,早春宜用中温型品种,春末夏初宜用中、高温型品种,夏秋宜用高温型品种。

(3) 生产季节

利用自然气温生产平菇,一般中、低温型品种在8月左右制原种,8月中下旬至9月中旬制生产种;中温型品种在11—12月制原种,次年1—2月制生产种;高温型品种在3—4月制原种,4—5月制生产种。平菇可利用不同温型的品种,实现周年生产。

2.2 培养料的选择、配方与处理

(1) 培养料的选择

培养料可以就地取材,采用棉籽壳、玉米芯、豆秆粉、木屑、稻草、麦秆等,其中以棉籽壳最好。使用前,棉籽壳应在日光下晒1~2天,不能使用霉烂变质的。生料栽培拌料时,可加入多菌灵或高锰酸钾等药剂防污染,但加入的药剂浓度过高,可能会对平菇菌丝造成药害。实验表明,在平菇生料中加入0.1%~5%的高锰酸钾溶液可较好地防治杂菌污染,而且对菌丝无不良影响,但在培养料中加入过氧乙酸和甲醛溶液防污染效果差,且对平菇菌丝生长有抑制作用。

(2) 培养料的配方

由于平菇培养料的来源很广,因此,主料与辅料的配法也多种多样。

A. 棉籽壳培养料

① 棉籽壳;② 棉籽壳,豆饼粉(菜饼粉);③ 棉籽壳,过磷酸钙,石膏;④ 棉籽壳,麸皮或米糠。培养料含水量为65%~70%。

B. 废棉培养料

废棉营养含量丰富且较全面,一般不必添加其他材料。废棉pH值为5.5左右,应加消石灰调节。废棉因附着的棉纤维较多,吸水困难,需先将废棉放在清水中浸泡 6 ~ 12 小时，浸透后用手捏干，或用压榨机压干，其含水量为 65% ~70%。

C. 稻草培养料

① 稻草粉，米糠或麦麸；② 稻草粉，糖，石膏；③ 稻草，豆饼粉（菜籽饼）。稻草中含有很多鬼伞菌等杂菌，可用开水煮 20 ~ 30 分钟，也可用 1% ~3% 石灰水浸泡 1 ~ 2 天，然后用清水冲洗使其 pH 值为 8 左右，沥干，加上其他材料。

D. 玉米芯培养料

玉米芯碎块，米糠或麦麸，石膏，尿素，过磷酸钙。

E. 锯木屑培养料

锯木屑，麦麸或米糠，蔗糖，石膏。

F. 甘蔗渣培养料

甘蔗渣，麦麸或米糖，石膏。

G. 其他秸秆培养料

可采用小麦秆、玉米秆、麦壳、向日葵秆、花生壳及山茅草等秸秆中的一种或两种，甚至多种材料，并制成糠粉或切成 4 ~8 厘米长的材料。

H. 废纸培养料

废纸（印刷厂切边纸等）、麦麸、碳酸钙或石灰粉。将废纸切碎，用水浸泡 6 ~12 小时，捞出沥干，加入麦麸等材料。

2.3 平菇的上料、播种

这里只介绍平菇的塑料袋栽培。

平菇的塑料袋栽培适于熟料栽培。若采用高压灭菌则采用常用的塑料袋，常压灭菌可用塑料薄膜。塑料袋长 49 厘米左右，宽 15 ~16 厘米，装料可采用装袋机。袋两头开口的，应套塑料环，用棉花塞封口，然后用牛皮纸、防水纸或塑料薄膜包扎系紧，灭菌后接种，在菌丝培养室培养。用塑料袋进行生料栽培，以两头开口为好，便于通风透气，定点出菇。装袋先从一端开始，封口后先放一层菌种，再放一层培养料并压实。装料达袋的一半时，再放一层菌种，再装满培养料，再放一层菌种压实，用木棒在料中央插一空洞，袋口用塑料环套好，封口。气温高时，则松散直立放置，切勿堆积，以防发热高温烧坏菌种。待袋温稳定后，再多层叠放呈墙形。

平菇袋栽可采用覆土栽培，覆土可减少虫害，提高产量和品质。土质可选择微酸性的沙壤土，土壤要求疏松、肥沃、通气。使用前可用高锰酸钾与甲醛混合后消毒，闷一天后再用。当菌丝长满菌袋，培养料变紧实后脱袋覆土，或在菌袋出2～3批菇后脱袋覆土。

2.4 平菇的生产管理和收获

(1) 发菌管理

播种后如料温持续上升，超过30℃，应加强通风降温，同时，要抖动盖在菌床和菌砖上的薄膜散热或将菌袋翻堆降温。还要经常检查培养料有无杂菌虫害。若发现有杂菌虫害，要及时处理；严重的，应将其移出培养室，喷施药剂，隔离培养。发菌后期，若温度过低，还应升温、保温，以保证菌丝的正常生长。经过20～30天培养后，菌丝长满培养料，应提供适宜的外界环境条件，以刺激菌丝体扭结形成子实体原基。

(2) 出菇管理

平菇现蕾后，应注意通风换气和增加湿度。采用菌砖、菌床等栽培的要掀开薄膜，采用菌袋的则要敞开两头，以利通风换气；可向地面、墙壁、空间喷水或采用增湿机以增加湿度，保持相对湿度80%～90%，切勿直接向幼小菌蕾喷水。随着子实体的长大，应增加菇房湿度，喷水应勤喷、轻喷并加强通风换气，保持空气新鲜、湿润。

(3) 采收

当平菇菌盖充分展开，颜色由深逐渐变浅，但孢子尚未弹射时，即可采收。适时采收，则菇体柔嫩，品质好，味道佳，产量也高；采收过早，菇体发育不足，产量低；采收过迟，菌盖干缩，菇柄坚硬，质量下降。采收后的平菇要去除菌柄基部的草屑或棉渣，分装运往市场销售。

3 草莓的培育

草莓是人们喜爱的水果，被誉为“水果皇后”。它可以种在菜园里，也可以种在花盆里。每年在家里种上几棵，成熟后在家里就可以享用草莓了。盱眙县各乡镇都有草莓种植，比较有名气的如欣业山庄草莓种植基地、维桥草莓种植基地等，其中桂五镇的陆桥草莓种植专业合作社，主营草莓采摘，经济效益很好。盱眙县限于土壤气候原因，主要种植的是夏季草莓。

家庭种植草莓，规模较小，一般采用移栽的方法，将草莓移种到土壤肥沃、阳光充足、环境温暖的地方。种植在土壤中的草莓，成熟后常会沾上泥土，吃起来不方便，家庭种植可以采用盆栽，优点是采摘比较方便，而且比较干净。这里着重介绍一下盆栽草莓的方法，让学生熟悉这个流程后，自己动手操作，记录下每个环节供后期参考。教师根据 WSW 教学模式，着重做好计划指导工作，让学生在亲身实践的过程中提出问题、发现问题、解决问题。

3.1　盆栽草莓的种植方法

(1) 选用盆、土及品种

盆栽用盆选择废旧的陶瓷脸盆或者大泡沫箱为宜。土壤选用比较肥沃的土壤(一般树下的土壤含有腐烂的树叶，比较肥沃，适宜使用)。品种采用盱眙常见的优良品种——夏季草莓。

(2) 培养技术

盆栽时间一年四季均可。但从园地移栽到盆中，最好在秋季进行。选择健壮秧苗，移栽时要多带土，摘除老残叶，将草莓根系留 10 厘米左右。让根系舒展栽入盆土中。栽植深度以不露根、不埋心为原则。土要按实，固定苗位，使土面与盆口保持 3 ~4 厘米距离。栽后浇透水，放置阴凉处 3 ~5 天，防止植株体内水分过多散失，然后搬到光线充足处。

(3) 营养技术

夏季草莓一般在 5、6 月份开花结果，营养消耗多，要加强养分补充。一般条件下可追施肥料，一星期追肥一次，一次不能太多。室外盆栽，每天早晚各浇水 1 次。每次浇水不能太少也不能太多，太少不利于水分的补充，太多会导致草莓根系不能接触空气，从而进行无氧呼吸，容易烂根。

(4) 草莓管理

盆栽草莓应对植株进行有效的管理。一是适时疏花疏蕾、摘叶、摘除匍匐茎。将不结果的花，在花蕾分散期适量疏除；去除老叶、残叶、病叶和多余匍匐茎，以减少养分消耗，提高果实质量。二是给草莓搭架子。即用铁丝或竹签做成不同形状的果架，放入花盆将果穗架起，促使果穗通风透光，使果实着色均匀，防止泥土污染果实，减少病虫危害。三是防治病虫要采用相应的综合防治措施。

(5) 换盆换土

盆栽草莓结果两年后,应换盆或换盆土。换盆时,先将植株从盆中取出,剪除衰老根、死根和下部衰老根茎,再栽入新的盆土中。

(6) 温度、湿度控制

到了深秋季节,要在草莓植株表面铺上一层干土,防止霜冻。等土壤上冻后,可以在植株上再铺 2 ~ 3 厘米厚的干草,到第二年的春天,当新叶子长出后,再移去干草;或者可以给草莓植株套上一层透明的塑料薄膜,保持植株适宜的温度,防止植株冻坏。一般盆栽草莓要求温度为 20℃ ~ 25℃,冬季室温保持在 15℃以上。花盆要放在通风向阳处,盆土保持湿润为宜。

草莓对生长环境的要求比较低,但是大棚生产需要获得最大的经济效益,对于大棚规模化培养草莓又要采用哪些方法呢?

要想在短期内获得大量的草莓植株进行规模化培养,最简单、最有效的方法就是采用植物组织培养技术。植物组织培养是利用草莓茎尖、芽尖等分生组织,诱导出愈伤组织,然后通过再分化的方法培养出胚状体,最后迅速扩大繁殖,幼株经简单培育后,移栽到草莓园中生长。植物组织培养不易受外界环境影响,可进行规模化生产。优点是可以获得脱毒苗,并且繁殖快,1 年内一个分生组织可产生几千甚至数万株优良草莓苗,可迅速推广新品种。

3.2　草莓组织培养的操作程序

(1) 选取材料并进行一定的消毒

在草莓生长最快的时间段(最好是 7、8 月份),取园中幼苗的匍匐茎 5 厘米长,先用肥皂水洗刷表面的脏物,再用清水冲洗半小时。在干净、无菌条件下,将冲洗后的材料截成 2 厘米长,浸入 10% 漂白粉上清液消毒 20 分钟,然后用无菌水冲洗 5 遍。将消毒后的材料用镊子夹到盛有滤纸的培养皿中(已经过高压蒸汽灭菌),置于双目解剖镜下剥取茎尖分生组织,切取 0.2 毫米左右,切取茎尖分生组织后立即置于培养基中。

(2) 诱导植株芽的分化

切取草莓茎尖分生组织,接种在含有 1×10^{-7} 赤霉素、2×10^{-7} 吲哚丁酸、1×10^{-6}BA(6 - 苄氨基嘌呤)、30g/L 蔗糖、6g ~ 7.5g/L 琼脂、pH 值 5.8 左右,经高压消毒 15 分钟的固体培养基上。在温度 25℃ ~ 30℃、光照强度 1800 勒克司、每日光照 10 小时左右的培养条件下,20 ~ 30 天后即开始分化新芽,新芽不断生长和增殖,形成小芽丛。接着小芽丛萌发,约经 3 个月,培养基上的一簇无根小植株即可长成 2 ~ 3 厘米高。将附加 6-苄氨基嘌呤浓度控制到 $(0.2 \sim 4) \times 10^{-7}$,也可以获得较好的芽分化。

(3) 小植株增殖

切取芽丛上小植株,在芽分化培养基上继代培养即可达到小植株增殖效果。在培养基上适当提高 6-苄氨基嘌呤浓度可提高增殖效果。但应注意小植株增殖次数不宜过多,否则,会对草莓基因型稳定性产生不良影响。

(4) 诱导植株生根

切取 2 ~ 3 厘米长的无根植株,插入培养基上即可诱导生根,也可在培养基上诱导生根。

(5) 幼苗移栽

瓶内生根的植株,移栽前需经过炼苗 7 ~ 10 天,移栽时开盖加水锻炼 1 ~ 2 天,以树林下含烂叶的土为移栽土壤。移栽后注意加盖或塑料小棚保湿,并适当遮阴。移栽时的温度在 20℃ ~25℃。4—5 月份时也可直接移栽到塑料大棚中,但应注意保湿和适当遮阴。

脱毒苗生长旺盛且结果明显增多。但脱毒苗很容易再次受到带毒害虫侵害。在病毒感染高发地区,一年之内几乎全部脱毒苗全被再次侵染。草莓植株受到感染时,不但达不到繁育脱毒苗的目的,而且会造成严重减产,因此应采取防范措施,避免再次感染病毒。最好的解决方法是在没栽过草莓的地方种植。

4　果酒、果醋的制作

超市里陈列着的各种各样的果酒、果醋饮料让人垂涎欲滴,这些饮料酒精度很低,适当饮用可以有效预防心脑血管疾病,具有养颜、延年益寿等功效。

盱眙葡萄产量大,用葡萄作原料生产的中澳果酒、三河香醋远近闻名。因为原料多、制作简单,盱眙民众也有家庭酿造果酒、果醋的传统,教师指导学生动手操作也切实可行。

4.1　运用发酵技术制作果酒

果酒是以果汁为原料,主要通过酵母菌等微生物的发酵制成的,主要包

括葡萄酒、苹果酒、梅酒等。葡萄酒是以葡萄汁为原料酿造而成的，酒精含量为 10% ~20%。由于酿造工艺不同，葡萄酒又可分为红葡萄酒（葡萄汁和葡萄皮混合一起酿造）和白葡萄酒（去皮的白葡萄汁酿造）。

在葡萄酒等果酒的生产中，酵母菌发挥着重要作用。在光学显微镜的观察下，酵母菌呈卵球形，它们在厌氧的条件下可将葡萄中的葡萄糖分解成酒精，当酒精浓度达到生产要求后，再分瓶、密封、保存，即可达到成品葡萄酒。

下面就介绍以家庭酿造葡萄酒为例，让学生自己动手操作葡萄酒的流程。学生在动手实践的过程中，一定要细心观察，做好记录，供后期参考。

（1）准备工具

家酿葡萄酒的工具很简单，使用的工具包括容量 10 公升的广口瓶一只，旧玻璃瓶、大可乐瓶十余个，塑料或者不锈钢饭勺一个，塑料漏斗一个，塑料虹吸管（1.5 米长左右）一根，过滤残渣用的尼龙布一块。

（2）选购原料

盱眙不是葡萄的主要产地，但是水果批发市场上外地来的葡萄总是供应不断，价钱一般每公斤 6 ~7 元。购买葡萄要选择那些成熟、饱满、没有病害的，葡萄皮的颜色越深越好（便于做红葡萄酒）。

（3）清洗葡萄

现在的葡萄在种植过程中为了消灭病虫害，往往会喷施很多农药，为了安全起见，需要对葡萄进行清洗：将带枝梗的葡萄放进水池之中浸泡，浸泡时可摇晃几次，两个小时之后将水放净，再用清水冲洗；然后将葡萄放在通风的地方控干水分。

（4）破碎装瓶

首次发酵：破碎的方法很简单，就是把葡萄从枝梗上摘下，五个左右一起放在手中，然后把手伸进瓶中，把葡萄皮捏破即可。注意瓶子不可以装满，到三分之二处就要停止，因为葡萄在发酵过程中会有二氧化碳产生。葡萄酒里的酒精是靠其中的糖分在酵母菌作用下产生的，如果喜欢酒精度数高一些，中间可以分几次撒入白糖。一般按照 10 公斤葡萄、1 公斤白糖的比例加糖，出来的葡萄酒大约为 10 度，类似市场出售的干红。葡萄装瓶后把瓶子盖好（不要盖得很严，只要不进灰尘就可以了），放在温暖的地方等待葡萄自然发酵。葡萄皮上有天然酵母菌，不必考虑发酵菌种问题。18℃左右的室温很适宜做葡萄酒。一般说来，装瓶后 24 小时即可观察到瓶内有气泡出现，以后便发现葡萄里的汁液析出，葡萄皮浮起，泡沫逐渐增多。这时每天用勺子搅动两次，把露出来的葡萄皮压进，让葡萄皮得到葡萄汁液的充分浸泡。

(5) 液渣分离

二次发酵：经过5～7天，发酵逐渐转为平缓，葡萄皮浮在上面，颜色由深变浅，葡萄籽和大部分葡萄肉的残渣沉在瓶底，此时应该把残渣和酒液分离。具体办法是先用虹吸管将中间的酒液吸出，然后把残渣装进尼龙布，用手由轻到重地挤压，再像拧衣服一样，使残渣中的酒液基本流净。最后把所有的酒液混合在一起，装进广口瓶继续发酵。此时酒液很混浊，不必介意。

(6) 过滤澄清

第二次发酵时间大约为一个星期，此时酒液已经澄清，也不再升起气泡。这时可对瓶内酒液进行一次过滤：用虹吸管先把上面的酒液吸出，然后对含有残渣和酒泥的部分过滤，装进瓶中静置。如果想让葡萄酒有晶莹剔透的感觉，则可以用鸡蛋清对其进一步澄清。具体操作方法是：将鸡蛋(10升酒液一个鸡蛋)磕一个小孔，把蛋清倒进大碗，用筷子将蛋清打散，不要怕费力气，最少打十几分钟，让满碗全是蛋清泡沫。之后用酒液将蛋清泡沫冲进广口瓶，用勺子将广口瓶中的酒液充分搅拌，接着静置两个星期。

(7) 储藏和饮用

经过静置澄清后的葡萄酒，最好装进小瓶储藏。1.5升的旧玻璃瓶最为理想，装可乐的2.25升塑料瓶也不错。装瓶要装得满一些，瓶盖也要盖紧，然而放到家中温度比较低的地方(储存温度最理想的是13℃)。什么时候想喝，就拿出一瓶。按照这一方法酿造的葡萄酒，味道和市场上的干红差不多，也可以在里面加一些白砂糖或者蜂蜜，味道会更好。

4.2　运用发酵技术制作果醋

从制成的果酒中取适量倒入大广口瓶中，并加入刚刚制取的新鲜果汁，可利用空气中的醋酸菌或在果酒中加入适量醋酸菌的方法制作果醋。

制作果醋时应用纱布罩在大广口瓶上并把瓶口扎紧，将大广口瓶置于清洁、无尘、避光处发酵7～8天，观察发酵产生的果醋。

醋酸菌是生产果醋的主要发酵菌，在果酒基础上的果醋发酵，是有氧发酵的过程，在充分供氧的条件下，醋酸菌能将乙醇氧化成醋酸，醋酸菌进行醋酸发酵的反应式可以归纳为：在相关酶的作用下，$C_2H_5OH + O_2 \longrightarrow CH_3COOH + H_2O$。

4.3　家酿苹果醋的方法

实践材料：苹果、冰糖、蜂蜜、纱布、米醋、大玻璃瓶、榨汁机。

（1）清洗

将苹果洗干净，切成薄片。

（2）装瓶

将苹果薄片和冰糖一层隔一层分别放入大玻璃瓶中，保证每层间有较大空隙，便于醋酸菌进行有氧呼吸。

（3）发酵

玻璃瓶装好后，将玻璃瓶瓶口封严，置于25℃的温度下进行发酵。待2个月左右，形成原醋。

（4）再发酵

原醋形成后，往里面加入一定量的米醋，再加入适量的蜂蜜、苹果汁后继续发酵，就可以形成口味不错的苹果醋了。饮用时，可以把里面的浑浊物用纱布进行过滤，得到的就是比较澄清的苹果醋了。

醋的生产中因采用不同的原料还需加入不同的微生物。我国生产醋的历史悠久，各种名优食醋也深受广大消费者的喜爱，如镇江香醋、山西陈醋。据说在醋厂工作的工人们，天天闻着醋香都有延年益寿之功效。

同学们都可以自己尝试去做一做！

⑤　美味腐乳

腐乳，又称豆腐乳，因其口味鲜美、营养丰富、价格低廉，深受人们的喜爱，是一道地方美味。在盱眙，人们习惯早晚吃稀饭时，就一块腐乳。盱眙县有着手工制作豆腐的悠久历史，特别是管镇的手工豆腐更是口感独特，食后令人久久难忘，盱眙的手工豆腐是制作腐乳的上等原料。

盱眙农村常常有做腐乳的习俗，原料易得，工艺简单。教师根据WSW模式，可以指导学生在“会做”的基础上，怎样创新做得更好，让同学们自己在动手的过程中总结、思考。

5.1　腐乳的传说

相传清朝康熙年间，一个叫王致和的举人进京赶考，结果没考中，就留在北京继续读书,迫于生计,便做起了豆腐生意。有时候豆腐卖不出去,他又舍不得扔掉,就把豆腐切成小块,加点盐和其他作料,把豆腐放在罐中密封起来了,结果第二年打开后一股臭味扑鼻而来,但他尝了一块,味道非常好,这就是腐乳的由来。后来王致和就专门做起了腐乳生意,"王致和"如今已成为中华老字号。腐乳是我国独特的传统发酵食品之一,民间传统的生产豆腐乳的方法是自然发酵,豆腐乳的生产多采用毛霉进行发酵。

腐乳的制作比较简单,个人通过简单的材料和工具即可制作腐乳。

5.2 制作实践

通过在腐乳坯上接种毛霉可以制作豆腐乳。毛霉生长的最适温度为16℃左右。毛霉的生长发育大致分为3个阶段:孢子萌发阶段、菌丝生长阶段、孢子形成阶段。在发酵过程中,毛霉分泌蛋白酶、淀粉酶等多种酶,与腌制腐乳坯的调料中的微生物协调作用,使腐乳坯中的蛋白质慢慢水解,生成多种氨基酸和各种有机酸等,形成特有的鲜、香等风味。

(1) 备料、晾晒

用刀将豆腐切成小块,沸水消毒后微微晾干,成为腐乳坯。在晾晒过程中,空气中的毛霉孢子落到腐乳坯上。

(2) 装瓶、发毛

将制好的腐乳坯放置在清洁的容器内,彼此之间间隔1厘米,与容器内壁之间留有空隙,加盖,但要与外界相通,以便通气散热,有利于毛霉的生长。

(3) 定时观察豆腐上有没有长出毛霉

如果发现有其他杂菌,应该重做。在豆腐块上出现白色毛绒状的菌丝后,可适当翻动豆腐块,以保证豆腐各面都能长出毛霉。当菌丝开始变成浅黄色,并有大量孢子形成时,可停止发酵。从容器内取出腐乳块,用盐水清洗,然后用食盐腌制10天左右。

(4) 配置卤汤

按照自己的口味配置卤汤,一般可以加水、食盐、料酒、八角、生姜、碎芝麻等。加入料酒可以有效地杀灭杂菌,也可使腐乳具有独特的香味,并有防腐的作用。将腌制后的腐乳坯装入瓶内,浸在浸液中数月即可食用。

5.3 思考讨论

在制作豆腐乳的过程中,不同的辅料与豆腐乳的风味之间有什么关系?

第4章 生物教学实践与乡土资源整合 WSW 模式拓展

1. 丰富多彩的乡土植物及标本制作
2. 品种繁多的乡土动物及标本制作
3. 动植物标本的保存
4. 利用乡土资源进行生物模型的制作

❶ 丰富多彩的乡土植物及标本制作

盱眙县地处亚热带与暖温带过渡区域，属季风性湿润气候，地形多样，物种丰富，全县植物种类有2000多个，现存树种约计65科232种，野生药用植物约700个品种，草山和草坡约4.4万公顷，牧草品种20多种。这些植物为中学生物实践活动教学提供了广泛的资源，很多乡土植物都可以制成标本，便于进行研究和教学。

1.1 植物对人类的作用

说到植物，大家可能很容易想到的就是光合作用。确实，植物重要的功能之一就是产生光合作用，为我们呼吸提供氧气。

植物可以美化我们的环境。随着人们健康环保意识的提高，绿地占有率的高低已经成为衡量一个地方先进与否的重要标准。在室内，人们会放置一些切花、干燥花和室内盆栽，这样室内的环境和观赏效果都会有很大的提升。

一些植物的图像常被使用于美术、建筑、纺织品、钱币、邮票、旗帜和臂章上。比如人民币上就有很多花，一角硬币背面是兰花，五角硬币背面是荷花，一元硬币背面是菊花，等等。

植物是许多工业品的原材料。我们每天使用的纸就是用植物制作的；一些具有芬芳物质的植物可以制作成香水、护肤品和化妆品；许多乐器也是由植物制作而成的。

以上只是列举了植物在我们日常生活中的常见作用。其实植物的作用远不止于此，限于中学生物范畴，这里不多阐述。

我们每个人应该都能深刻地体会到植物的重要性。现今世界范围内的植被破坏非常严重，作为新时代的中学生，我们现在就要行动起来，从身边的小事做起，从保护身边的植物开始，让我们的家乡环境更美好。

1.2 植物的分类

不同植物因为物种和特性的不同，其标本的制作也需要采用不同的方法。

一般来讲，植物可以分为低等植物和高等植物。低等植物细胞中有中心体，高等植物没有。它们的区别还表现在形态、结构和生殖方式等方面。高等植物一般都有根、茎、叶的分化，有各种组织、器官的分化；在生殖方式上，

有性和无性两种方式世代相互交替出现。而低等植物则形态、结构和生殖方式较简单，在进化过程中处于较低级的一类植物。它们一般没有根、茎、叶的分化，整个植物体呈叶状或丝状，甚至一个植物体只由单个细胞组成，它们多数生活在水中，如生活在淡水中的单细胞的衣藻。

(1) 低等植物的结构简单，种类相对也较少。低等植物分为藻类、菌类、地衣类。

(2) 高等植物的结构相对复杂，分类也多。可以分为三门，分别是苔藓植物门、蕨类植物门和种子植物门。

① 苔藓植物植物体矮小，一般高仅数厘米。

② 蕨类植物形态特点和苔藓植物有一点类似的地方，大多为土生、石生或附生，少数为湿生或水生。

陆地植物的开荒者——苔藓

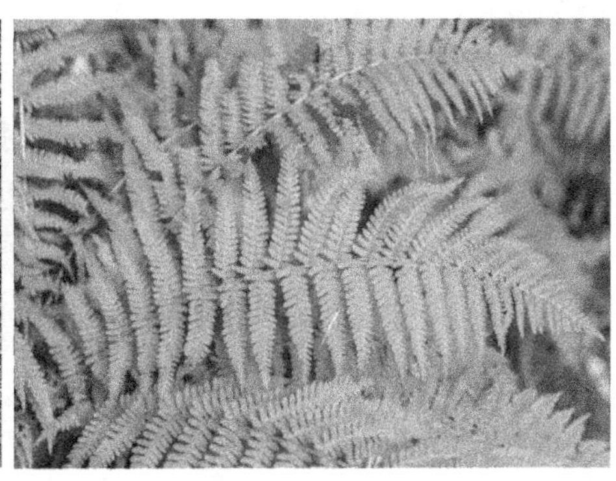

蕨类植物(凤尾蕨)

③ 种子植物是高等植物中最庞大的一个分支。种子植物又包括裸子植物和被子植物，裸子植物的种子裸露，被子植物的种子往往有果皮包被。种子植物具有更为发达的孢子体，以种子繁殖。植物类型有乔木、灌木、木质藤本、草本等，根、茎和叶都很发达。内部构造有更完善的输导束，由管胞演化成导管，由筛细胞演化成筛管并具有伴胞，中柱为真正中柱或散生中柱。

我们在制作植物标本的时候，一定要先确定目标植物的类型，然后通过查找资料确定这种植物的特性，最后再去确定植物标本制作的方案。教师在这个过程中，可以根据 WSW 实践活动模式，指导学生选取当地常见的植物、使用相关工具，引导学生发现问题、提出问题、解决问题，然后再进行归类总结。

1.3 植物标本的制作

以江苏盱眙为例，盱眙当地植物物种丰富，可以按上述分类将其归类熟悉特性后，采用不同的方法，制成标本。在制作过程中，一方面要求学生掌握方法，理解原理；另一方面要注意制作效率，不要过度浪费标本资源。

这里简要介绍下植物标本制作的方法。根据植物含水量的不同，目前通用的植物标本制作方法有干制和浸制两大类。

(1) 植物标本的干制

对含水量较少、易于干燥、干燥后又不易变形的植物材料，可采用真空干燥、冰冻干燥、微波干燥、硅胶干燥和吸水纸压制等物理方法进行强制性脱水，也可以先进行必要的化学处理，然后再进行脱水干制。

根据处理方法的不同，干标本的制作方法可分为以下三种：

① 蜡叶标本

备齐足量的吸水纸（多用表芯纸代替），纸的规格以 28 厘米 ×42 厘米为宜，将纸铺在特制的植物标本夹上，洗净后的标本要放到表芯纸上，用镊子在纸上进行姿态矫正，然后盖上一份表芯纸，纸上再放置标本，标本上再覆盖表芯纸。这样一层层叠起来夹到标本夹里，用绳子将标本夹勒紧或在标本夹上压一重物，以便表芯纸更快地吸干植物体中的水分。期间要及时换纸，最初每天换 1 ~2 次，而后可隔 2 ~3 天换一次（换下的纸要晒干，以备下次再用，一直换到标本干透为止）。干透的标本要装贴到台纸上，台纸的大小一般为 26 厘米 ×36 厘米，台纸的右下角应贴上标签，最后粘贴半透明的护盖纸。

② 原色覆膜标本

先将绿色的枝叶和花朵分离，对绿叶和不同颜色的花朵采用不同的化学方法处理。绿色枝叶的处理：向浓度为 50% 的醋酸溶液中加入醋酸铜制成醋酸铜的饱和溶液，取一份饱和溶液加 4 份水稀释，然后将植物材料放到稀释液中加热，使温度保持在 75℃ ~85℃。此时绿色枝叶逐渐变黄，继续加热使其恢复成原来的绿色后，立即停止加热，然后将标本从溶液中取出，用清水洗净，放到表芯纸上，置

原色覆膜标本

于标本夹中加压，并要注意及时换纸。也可将标本夹放入真空干燥箱中抽真空，同时可加热到 75℃左右。各种花色的处理：红色花可在 2% 的酒石酸溶液中浸 10～20 分钟；紫色花可在 2% 的硫酸铝溶液中浸 10～20 分钟。浸过的花朵从溶液中取出后要洗净、脱水。脱水方法与枝叶相同。干透的枝叶、花朵要及时装贴到台纸上，并在台纸的右下角贴上标签，最后送到护卡机里进行高温覆膜。

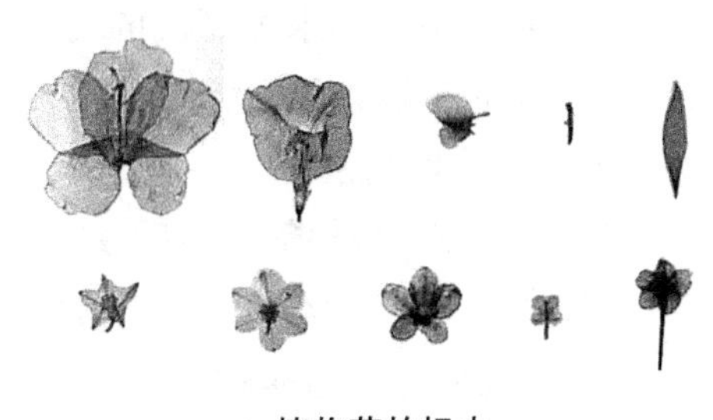

植物花的标本

③ 原色立体标本

取带有花的植物枝叶装入容器里，用粒度为 20～50 目的硅胶颗粒将其全部埋没，10 天左右待标本干透，即可从硅胶中取出，立即密封到盛有少量干燥剂的标本瓶中长期保存，也可将标本封铸到无色透明的人工合成高分子材料中保存，无论哪种保存方法都不能受日光曝晒。

（2）植物标本的浸制

对那些柔软多汁、不易干燥或干燥后易变形的植物材料，多采用浸泡的方法制作标本。浸制过程包括固定和保存两个步骤，根据植物材料颜色的不同可采用不同的制作方法：

① 绿色标本的制作

将绿色植物材料洗净后浸在 5% 的硫酸铜溶液中，直到材料由绿色变为黄色，再由黄色变为绿色为止。此时可取出材料洗净，然后浸到 5% 的福尔马林液中保存。

② 红色标本的制作

某些红色的果实如番茄等洗净后要先浸在用 4 毫升福尔马林、3 克硼酸 400 毫升水配成的处理液中，1～3 天后果实即变成褐色，此时可取出果实向里面注射少量用 20 毫升 10% 的亚硫酸、10 克硼酸和 580 毫升水配制而成的保存液，随后将果实长期浸泡在这种保存液中，逐渐恢复成原来的红色。

③ 紫色标本的制作

紫色葡萄等果实洗净后要先在 250 毫升福尔马林、500 毫升氯化钠饱和溶液加4350毫升蒸馏水配制成的处理液中浸2～3个月，取出后洗净，放入1%～2%的福尔马林液中长期保存。

④ 白色标本的制作

将白色的花与块根等洗净后放在1%～4%的亚硫酸溶液中，然后长时间曝晒于日光下，直到标本晒漂成雪白色为止。

（3）植物叶片类标本的简易制作

以上是两大类标本的制作。我们平时制作的一般都是植物叶片类标本，下面我们就简单地介绍一下这类标本的简易制作方法。

① 准备材料、用具：采集来的植物，旧报纸或草稿纸、刷子或纱布、标本夹或两块比台纸大一些的木板和书、吸水纸或棉絮、台纸、标签、胶水、胶带或缝衣针和线、毛笔、刀片、剪刀、玻璃纸。

② 进行制作。首先从采集来的同一种植物中选择各个器官最完备的做标本。用刷子或纱布擦掉标本上的污物，保持标本清洁美观。把整理好的标本夹在干燥的旧报纸或草纸中，用标本夹压起来，或者放在两块木板中间，上面用书或砖头压紧。压的时候应注意标本是否平整，叶和花的位置是否自然，避免互相遮盖。如果标本过长过大或者枝叶过密，应该加以适当修剪或弯折。如有硬刺，要先压平。有些植物的叶片背腹面是有显著区别的，要把一部分叶片翻过来。

③ 注意事项。压标本的地方要通风、有阳光，否则标本就不容易干燥甚至会卷曲、变黑，失去原有的绿色。花的上面必须放吸水纸或棉絮。每天要用干纸替换湿纸，湿纸晒干或烘干以后还可以用。换纸的时候要注意摆正植物的姿态。也可以把植物夹在吸水纸里，用熨斗熨平。

植物压干以后，用线或胶带选几个点固定在台纸上。小的植物或枝叶柔软的标本，可以用毛笔蘸胶水涂在标本的一面，粘贴在台纸上，略微用力按一按，搁置半天到一天，等它阴干后再用胶带把胶水没有粘牢的部分在台纸上固定起来。如果用针叶树的枝条做标本，最好先把它浸泡在开水里，或者放在稀薄的胶水中蘸一下，然后压平，这样可以防止针叶散落。

标本制作完毕以后，要在台纸的右下角贴上标签，注明学名、俗名、产地、采集日期、采集者。

② 品种繁多的乡土动物及标本制作

盱眙县地处淮河下游的洪泽湖畔，境内有山、有水，生态系统复杂多样，动物种类繁多。据不完全统计，大中小型动物有 1000 多种。品种如此繁多的乡土动物资源为我们生物学的教与学提供了便利，极大地丰富了我们的课堂资源。教师根据 WSW 实践活动模式，善于把握，因势利导，根据不同季节不同动物的习性，结合当地的特色，指导学生采用不同的方法，根据需要把目标动物制作成标本。教师指导学生自己动手，多提问题，让学生掌握解决问题的方法，让学生自己找答案。在这个过程中，教师一方面要求学生掌握方法，理解原理；一方面要注意制作效率，不要过度浪费标本资源。

2.1　动物的分类

动物是多细胞真核生命体中的一大类群，称为动物界。动物是生物界中的一大类，一般不能将无机物合成有机物，只能进行摄食、消化、吸收、呼吸、循环、排泄、感觉、运动和繁殖等生命活动，以有机物（植物、动物或微生物）为食料，因此具有与植物不同的形态结构和生理功能。

动物的分类主要根据其形态、身体内部构造、胚胎发育的特点、生理习性、生活的地理环境等特征进行综合研究，将特征相同或相似的动物归为一类，给它们命名。而命名是有一个标准的等级的：界、门、亚门、总纲、纲、亚纲、总目、目、亚目、总科、科、亚科、属、亚属、种、亚种。比如，棉蚜属于动物界、节肢动物门、昆虫纲、同翅目、蚜科、蚜属；大熊猫属于动物界、脊椎动物门、哺乳纲、食肉目、大熊猫科、大熊猫属。

与植物标本一样，动物标本的分类也是根据动物的分类来划分的。

2.2　动物标本的制作方法

动物标本的制作就是要根据动物的分类来制定不同的制作方案。根据盱眙县本地的特点和条件，这里主要介绍生活当中常见的一些小动物标本的制作。

（1）昆虫标本的制作

① 采集

一般的昆虫体型都较小，所以我们都是用普通的捕虫网进行采集。因为昆虫种类繁多，生活习性各异，所以要先掌握昆虫的有关知识，了解昆虫生活的季节、地点和环境，才能确定采用何种采集方法。

部分有益昆虫标本

② 标本制作

微小的昆虫，如小蜂类、蚊类、蚜虫，以及鳞翅目和鞘翅目的幼虫等，可直接放入70%浓度乙醇中保存。昆虫的许多成虫，大都制作成干燥标本保存。如用于解剖，需做成浸制标本。一般是将昆虫直接投入70%浓度乙醇中杀死固定，1~2天后移入同浓度的新乙醇或5%福尔马林溶液中保存，虫体较大的需向体内注射5%浓度的福尔马林溶液。

(2) 蝶类标本的制作

蝶类标本最为常见，一般制作蝶类标本都是为了观察它们的翅膀，所以在制作的过程中，我们要时刻注意保护其翅膀的完整。

① 采集

蝶类喜欢停在花朵上采蜜。这时宜用捕虫网扫捕，角度不要过小，有风时要注意逆风兜捕，这样不易惊动它，容易捕到。山间溪流一带常有蝶类栖息饮水，可用捕虫网离开地面横扫，使蝶惊飞而入网。如果捕到的是大型蝴蝶，可以由网外捏住其胸部，然后放进毒瓶中，并将毒死的蝴蝶，用镊子夹入事先准备好的三角纸袋里，注明采集的地点和时期。如无毒瓶，须用手指捏一下蝴蝶的胸部，使其失去活动能力，再用镊子把捕虫网中的蝴蝶直接夹入三角纸袋中，但须注意不要用手触摸蝴蝶翅膀，以免造成脱粉失色。

蝶类中的粉蝶在盱眙最常见，也相对容易捕到。蛱蝶活动比较频繁，要看准时机扫捕。凤蝶是“鬼精灵”，惊动了它，就不易捕到，它个体稍大且飞行迅速灵活，不要随便扫捕，要待它停在花上或低矮的植物上时再准确迅速扫捕。有时遇到两只凤蝶在花丛中团团恋舞，那是它们交尾的预兆，要耐心等到它们交尾的时候一网扫过去，可以轻而易举地捕到一双，因为它们交尾时飞行不能协调。

②标本制作

A. 针插固定

固定虫体前,需将已干硬的虫体进行软化处理,以便展翅。将干燥器底部注入清水,加入数滴防腐剂,如甲醛或石炭酸等。在水面上部的有孔瓷盘上铺1层滤纸,将昆虫材料放置上面,加盖密封1～2天即可。如果采集后及时制作标本,可省略这一步。

蝶类标本

用镊子小心夹住已软化昆虫的身体部分,从干燥器内取出,放在展翅架上。注意不要用手指接触虫的翅膀。

根据虫体大小选择长短和粗细适合的昆虫针,蝶、蛾类昆虫适宜用0或1号针。

将1根昆虫针从虫体中胸背部正中插入,由腹面穿出,固定在展翅架中间槽下方的软木板上。

B. 展翅整姿

昆虫翅的展平、复位是在展翅架上进行的。展翅架由左右两块可以滑动的展翅架和中央的槽子构成。槽子是放置昆虫身体的地方,其宽度可根据虫体的大小移动右展翅板进行调节。展翅架的木质以软木为宜。

将昆虫放置在展翅架上,在其身体下垫上棉球,以免干燥过程中腹部下垂,并且使翅能够平铺在展翅台上。用小镊子或昆虫针拨动前翅使其后缘与虫体垂直,并将后翅的前缘紧贴前翅的后缘。

用昆虫针将昆虫头部的触角架起,使它们位于自然的位置。躯干部的足也要固定到相应的位置。

C. 干燥和收纳

将整理好的虫体放室内晾干或烤干。每1个制作完毕的昆虫标本都必须有1个采集标本签牌作为记录。用铅笔或绘图墨水写,内容包括昆虫学名、采集地、采集时间和采集者姓名等信息。

虫体完全干燥后,拔去固定昆虫翅的大头针,将虫体从展翅台上取下,放在盛有樟脑丸的收纳盒内密封,长期保存。

(3) 环节动物标本的制作

关于环节动物标本的制作,这里以蚯蚓为例,阐述如下:

① 采集

夏季雨后,蚯蚓多数都会爬出土面,尤其是在农田里面,数量相对较多。

② 标本制作

一般分为四步:

A. 停食

将蚯蚓自培养箱中取出,用水冲洗干净,放在垫有湿草纸的玻璃缸中,停食两天,使其肠中泥土排尽。然后喂给碎的湿草纸 5 ~ 7 天,填充肠管,以利于将来观察肠管的形态。

B. 麻醉

将蚯蚓转入搪瓷盘内,同时放入一定量的清水,再慢慢滴入 95% 浓度的乙醇,直到盘中的清水变成 10% 浓度的乙醇溶液为止(事先应量得搪瓷盘中的水量,按比例加入一定量的乙醇)。待蚯蚓背孔分泌出大量黏液时,说明其已经麻醉死亡。

C. 固定

取已经麻醉的蚯蚓,平放于解剖盘中,从它身体后端侧面,用注射器向体内注射固定液(主要是福尔马林,一般实验室里都有),直到蚯蚓的身体呈饱满状态为止。

D. 保存

将注射后的蚯蚓平放在纱布上,大约每 20 ~ 30 条裹成一卷,使其竖立在标本瓶中,然后加入上述固定液,便可长期保存。要注意每条蚯蚓的身体一定要平直,不能发生扭曲现象,否则将来解剖时就会背腹难辨,给解剖工作带来困难。

(4) 线性动物(如蛔虫)标本的制作

① 采集

蛔虫一般寄生在人、畜、禽等动物体内。猪蛔虫是寄生于猪小肠中的蛔虫,和寄生于人体内的蛔虫在形态上十分相似,故常被用作实验材料。一般是到屠宰场采集,从猪小肠中取出蛔虫,用水稍冲洗,放入冰瓶带回实验室。

② 固定保存

方法一:用 0.7% 浓度的生理盐水洗净蛔虫,再放入 30% ~50% 浓度的

乙醇溶液中，慢慢加热至 6.0℃ ~7.0℃，将蛔虫杀死并使虫体伸直，然后用 70% 浓度的乙醇固定，最后保存于含 5% 甘油的 75% ~80% 浓度的乙醇中。

方法二：向已洗净的蛔虫体内注射含 2% 甘油的 70% 浓度的乙醇溶液。注射量以使虫体伸直即可，然后平放在瓷盘中，用 10% 浓度的福尔马林溶液固定过夜，最后保存于 5% 浓度的福尔马林溶液中。

③ 动植物标本的保存

动植物标本制作完成后，需要采用一定的方法才能长期保存，不能够随意放置。此外，还需要注意其他很多细节。

教师在这个环节中，应着重指导学生的理解能力和动手能力，尽可能利用身边现有的条件和资源（比如如何变废为宝，把废旧物资重新利用于生物教学），不能因此加重学生的经济负担。教师也可以就这个问题发动同学们进行讨论，充分把学习与生活联系起来，调动学生的积极性和主动性，让同学们考虑如何创新地进行实践，真正把 WSW 实践活动模式融会贯通。我们的目的一方面是为了教与学；另一方面，如果我们在教与学的过程中能够赢得社会民众的普遍认同，能够赢得他们广泛而强有力的支持，我们的教与学将更加合理有效。

3.1　植物标本的保存

植物标本应存放在标本柜里。标本柜要求结构密封、防潮，大小式样可根据需要和具体情况而定。

标本入柜前还必须做两件事：

（1）登记、编号

将每份标本按需要分类登记在登记本上。登记、编号主要是为了便于随时掌握存有多少标本、有哪些标本，使标本保存更有条理，使用方便。

（2）标本柜、标本室消毒

存放标本前，标本柜、标本室应事先打扫干净，充分晾干，并用杀虫剂进行消毒，通常用福尔马林喷杀或熏杀。然后将标本按登记分类顺序放入柜里保存。标本入柜后，还必须经常抽查是否有发霉、虫害、损伤等，如有发现应及时处理。

入柜前要使标本干透，并在标本柜里放樟脑丸、干燥剂。若标本发霉，可用毛笔轻轻扫去菌丝体，再蘸点石炭酸或福尔马林涂在标本上，也可用红外灯烘干，紫外灯消毒。平时取放标本时要随手关好柜门。盱眙通常春夏之交会有梅雨，一般物质会返潮，这时一定要注意标本的妥善处理。

此外，在取放标本时，标本之间互相摩擦也会使标本某部分脱落、破碎。这就要求在操作时轻拿轻放，需要取一叠标本中的某一份标本时，必须整叠取出，放在桌上再逐份翻阅，切忌从中硬抽。为减少标本之间的磨损，可用牛皮纸或硬纸将标本逐份或分类夹好。

3.2　动物标本的保存

动物标本的保存相对于植物标本来说要复杂一些。因为有些动物的体型较大，我们不仅要考虑标本腐烂的问题，还要考虑保存空间问题等。

针对不同动物标本体型大小的问题，其保存方法主要有两种，分别是浸液保存和干燥保存。

(1) 浸液保存

浸液保存是把标本浸在一定的药物溶液里保存标本的方法。一般小型的整体材料、解剖材料、局部构造和器官都可以用这种方法保存。

常用的保存液主要是福尔马林、乙醇、甘油，以及这几种药物按一定的比例配制成的各种混合液。单纯用福尔马林作保存液，浓度为5%～10%，个别情况可用15%浓度的。具体浓度的大小以标本的大小而定，原则上小标本浓度小，大标本浓度大。

福尔马林用作保存液，效果好，价格也相对低廉，可以大量使用。缺点是保存中往往有多聚甲醛形成，使浸液变浑浊，影响观察。因此，在保存过程中，一定要定期更换保存液。

(2) 干燥保存

干燥保存是用多种药剂除去动物体内的水分进行防腐的保存方法。这种方法一般针对大型动物、鸟类等一些标本的整体材料。

常用的药剂有：

① 砒霜，白色无嗅无味粉末，剧毒，有防腐功能。

② 明矾，无色、透明晶体，具有防腐、抗菌作用。

③ 硼酸，有防腐作用，但作用较差。

④ 苯酚也称石炭酸，有消毒防腐作用，可防止残留肌肉变质。

⑤ 樟脑，具有防止虫蛀标本的作用。

(3) 贴标签

动物标本和植物标本一样，在标本保存好之后，一定要标明具体的信息。

3.3　其他注意事项

动植物标本制作与保存的过程中，会有课堂外的教学，也会用到一些化学制剂，有些甚至有毒，教师一定要根据操作规范，精心制定活动方案，严格要求，严肃执行，坚决杜绝安全事故的发生。

4　利用乡土资源进行生物模型的制作

中学生物是一门以实践为基础的自然科学。

中学生物课程是理论和实践相结合的综合课程，有些生物学知识不仅需要学生有较强的形象思维，还需要有抽象思维和数理逻辑。这就要求教师在引导上多下功夫。在教学中，教师应用 WSW 实践活动模式应尽可能让学生自己动手制作各种生物模型。一方面，可以提高学生学习生物知识的兴趣；另一方面，将抽象的东西转化为形象的、具体的物体，可以大大提高学生对相关知识点的理解深度。最重要的是学生在自己主动去构建模型的过程中，需要反复琢磨相关知识，从整体到局部来考虑细节，又从局部到整体去思考两者的关系，更需要学习如何搜集、选择材料，将抽象知识转化为具体的结构，这对培养学生的思维能力、动手能力、自我提问和自我解决问题的能力非常有好处。

生物课程是一门基于实验和现象的课程，课本中充满了图像和模型，如果能够让学生经常制作各种不同的生物模型，不仅可以加强学生对知识点的理解和吸收，而且可以促进学生独立思考和钻研的能力，丰富学习生活。

培养学生的动手能力，需要学生从一开始就直接参与小组划分、组内分工、设计模型、寻找材料、建构模型、总结经验、对比不同组别之间的差异，整理构建模型中的笔记，记录成案。要尽可能地把学生的主观能动性发挥到极致，同时也要让所有学生都参与，都有事可做，培养学生的合作能力。

常言道，百闻不如一见。对于学生来说，听老师重复细胞结构一百遍，不如让学生亲手制作细胞模型一次。若我们的学生能够从动手开始重塑对学习的兴趣,将是多么值得欣慰的一件事。

4.1　生物模型的分类

中学生物课程的教科书中有各种各样的生物模型。高中生物人教版教材“必修一”的第三章第三节中给出了模型的定义:“模型是人们为了某种特定目的而对认识对象所做的一种简化的、概括性的描述,这种描述可以是定性的,也可以是定量的,有的借助于具体的实物或其他形象化的手段,有的则通过抽象的形式来表达。”一般来说,模型可以分为下述几个类型:

① 第一类是自然模型。即用真实的自然界中的景物来做模型,对某种现象、某种规律进行研究。比如“基因对形状的控制”一节,利用自然界中的水毛茛作为模型来研究同一个体、同一器官形状不同的问题。

② 第二类是人工模拟模型。人工模拟模型在中学课本上叙述的相对较少,主要有人工模拟生物圈、探究性状分离比的模拟实验模型、探究生态系统稳定性的小生态瓶生态缸等。人工模拟模型将自然界规模庞大的系统景物用相对微小的模型呈现,或者将隐含客观世界的抽象规律用具体的事物来解释,把客观世界和抽象概念变成学生能看得到、摸得着的事物,可以说简化了复杂的知识,更便于学生理解和认知。

学生自制细胞模型

③ 第三类则是表现思维形式的模型。如物理模型、概念模型、数学模型等。物理模型是以实物或图画形式直观地表达认识对象的特征。物理模型有很多,比如“细胞器——系统的分工合作”一节中,各种细胞器的图画、动物细胞和植物细胞亚显微结构模式图、细胞骨架、分泌蛋白的合成运输示意图,“细胞核——系统的控制中心”一节中,细胞核结构模式图、真核细胞的三维结构模型。这类模型能够较为直观地表达概念,同时学生在制作实物模型时,又可以充分调动其主观能动性,不妨在教学中多让学生解读和制作。

概念模型是以图示、文字、符号等形式对事物的生命活动规律、机理进行描述、阐明的模型。概念模型是事物在人们思想中的反映，是物理模型在思维中的延伸。如“生命活动的主要承担者——蛋白质”一节中，由氨基酸形成蛋白质的示意图、动植物细胞的有丝分裂、减数分裂图解、光合作用示意图、中心法则图解、特异性免疫等。概念模型的特点是图示比较直观化、模式化，由箭头等符号连接起来的文字、关键词比较简明、清楚，它们既能揭示事物的主要特征、本质，又直观形象、通俗易懂。

数学模型是用来描述一个系统或其性质的数学形式。数学形式可以计算公式、函数式、表格、曲线图、柱形图、饼状图等。如果其变量中不含时间因素，就是静态模型，如与时间有关，则为动态模型。如“细胞中的元素和化合物”一节中，组成人体细胞的主要的元素（占细胞鲜重的百分比）饼状图、组成人体细胞的主要的元素（占细胞干重的百分比）饼状图、细胞的主要化合物及其相对含量的表格等。

无论是物理模型、概念模型还是数学模型，都是为了使知识点从抽象复杂变得直观简单，以便于学生理解。

通过构建各种模型，能更直接更简单地让学生掌握相关知识，在课堂教学中可以达到事半功倍的效果，有益于实现课堂教学的有效性，同时又能提高学生运用知识解决问题的能力，大大促进学生自主学习的积极性。因此，作为一名中学生物教师，教会学生认识模型、建构模型是必要的，教师自身也应该积极参与建构模型的探索实践。

4.2　利用乡土资源进行生物模型的制作方法

中学生物课本上有着各种各样的模型，教学中我们可以在条件允许的范围内，结合当地的乡土资源，依据 WSW 实践活动模式，制作简易的模型。

① 自然模型的制作。可以充分利用当地的动植物资源进行制作，如制作人工小生态瓶（注：淮河流域中下游的生态），可以充分利用本地的乡土资源，水生植物可以选择附近池塘或湖泊中的淡水植物（如浮萍），动物可以选择洪泽湖米虾、小龙虾等小型动物。

② 物理模型的制作。我们可以利用手边的或乡土资源中的多种材料进行操作。如动植物细胞的亚显微结构模式图，我们可以在学完动植物细胞的结构和各种细胞器后，让学生在理解的基础上进行绘图或者利用盱眙本地的

黏土、软磁铁,以及身边的各种彩纸、废旧物品进行制作。

③ 实物模型的制作。首先需要教师引导学生设计好制作的计划。比如制作真核细胞的三维结构模型。第一步,可以把学生进行分组,一个 60 人的班级,可分为 10 个组,6 人一组。然后让每个小组自行选择使用材料(乡土资源),有的小组可能使用黏土,有的小组可能使用彩纸,还有的小组使用废旧泡沫塑料、木块等,也有的小组可以用计算机做模型,教师可以适当加以引导,还可以每两个小组制作同种材料的相同模型,最后进行小组与小组之间的比较。

各小组选定材料后,商议分工,分工上应该注意具体到每个学生。分工完毕后就可以开始进行材料的准备和模型的制作了。在制作的过程中,强调突出各种结构的特征,如细胞核做成圆形的,内质网做成片状,高尔基体有小泡,核糖体做成颗粒状,线粒体突出内膜折叠成嵴,叶绿体里面可以弄一些基粒,等等。在学生制作前,老师可以加以引导,也可以在学生制作后进行点评,之后学生再对模型进行完善。

④ 用本地彩色黏土制作各种模型。黏土为盱眙特色乡土资源之一。彩色黏土制作要比彩纸制作简单,可以直接把各种彩色黏土捏成各种细胞结构的形态安放在底座上,但同样要注意突出各种结构的特征,比如中心体的中心粒做成互相垂直。彩色黏土制作对学生来说相对简单,往往运用得较多,可以在制作中开展竞赛活动,让学生互相点评,在互相点评中加深对细胞各结构特征的认识。

学生自制的彩色黏土制作细胞内部结构模型

如果条件允许,也可以让学生用木质材料进行加工雕刻,还可以用各种材料进行综合制作。

⑤ 计算机制作细胞三维模型,需要相对较高的计算机技术,可以由老师制作,演示给学生看,也可以让计算机兴趣小组制作动态演示模型,展示给学生。计算机制作的三维模型,优点非常明显,能够展示细胞内动

态的功能。比如把叶绿体制成动态的，还可以使一些物质进出核孔，体现核孔的物质交换通道功能。

在制作完成后，各小组可以进行对照，并让各组自我介绍和展示，以提高学生对自己亲手制作的自豪感。

4.3　利用乡土资源和废旧物品制作模型

例如学习“生物膜的流动镶嵌模型”后，可以利用废旧物品制作生物膜模型。我们可以用乒乓球来制作生物膜模型，也可以使用其他的材料进行制作，比如橡皮泥、彩色黏土、彩纸等。这些都可以充分发挥学生的主观能动性，让学生从自己的身边寻找材料，制作生物膜的模型。

① 渗透作用模型的制作。可以找一个漏斗（或者废旧矿泉水瓶经过处理），再找一个玻璃烧杯，用玻璃纸蒙住漏斗口，配置好蔗糖溶液，制作渗透作用模型。这个实验尽管可以由老师进行演示，但老师演示不如学生亲自做。可以在实验室里准备好材料，两人一组，让学生自己配置溶液，制作模型，能够加深学生对渗透作用的理解。半透膜的选择可以选本地花生的种皮等。

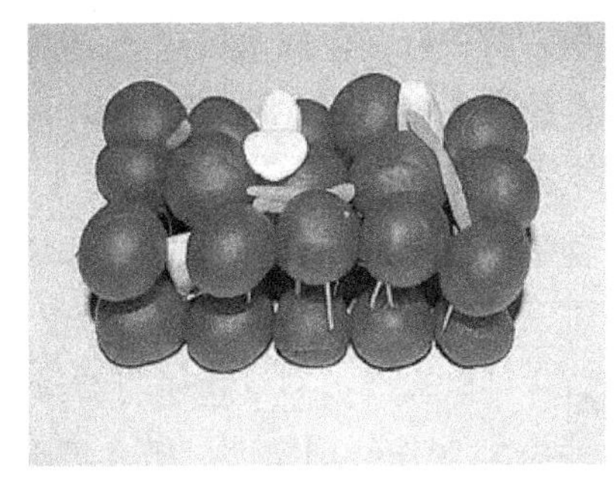

学生用废旧物品制作的生物膜模型

② DNA 分子双螺旋模型的制作。制作这个模型可利用的乡土材料很多。一方面可以用购买的专业模型让学生进行组装，也可以利用不同形态的磁铁（磁铁是盱眙的特色资源之一）分别代表磷酸、脱氧核糖、碱基，让学生在吸板上布置脱氧核酸的平面结构，然后再用粉笔将氢键、脱氧核苷酸链的基本骨架连接起来。如果没有专业的模型，可以就地取材，比如用火柴棒在纸上粘贴成脱氧核酸的平面结构，或者用棉签和胶带连成梯状，再进行扭转，构成双螺旋结构的立体模型。用棉签和胶带制作双螺旋模型的优点是材料容易获取，并且可以很直观地让学生观察双螺旋结构，但棉签不能直观体现脱氧核苷酸的具体结构，因此要用平面结构图进行辅助学习。

③ 人工模拟性状分离比实验。可以用身边的资源。如找两个一模一样的饼干桶，再找两种不同颜色的玻璃球各 20 个。考虑到饼干桶的容积，为了保证充分混匀玻璃球，玻璃球不可太大，而且要大小均匀一致。有时候做不

出接近理想值的分离比，往往是由玻璃球的大小不一导致。

④ 制作生态缸（小生态瓶）。这是人工模拟生态系统的过程。生态缸制作一般分为两种，一种是相对较大的生态缸，这种生态缸可以一个班制作一个。首先，购买一个玻璃生态缸，然后带领学生布置生态缸。生态缸分为两部分，一部分放入带土的绿色植物，作为陆地部分，另一部分则作为沼泽池塘，沼泽部分可以放入小鱼、田螺等。此外放一个小乌龟，放乌龟的好处是，乌龟既可以在陆地生活，也可以在水域生活，最后将盖子盖上。（注意：里面的动物不宜过多，小鱼两条，乌龟一只即可，太多则生态系统容易崩溃。）

从制作材料的获取来说，制作小生态瓶更具有可操作性，制作成本低，学生也更容易掌握制作过程。制作生态瓶，仍然可以对全班分组，每组做一个。生态瓶一般制作成水域生态系统，首先可以让每组准备一个清洗干净、消过毒的罐头瓶，在瓶中铺上细沙，再注入清水，最好取河水或者井水，不要取自来水，然后在里面放上本地的水草、小鱼、田螺。生态瓶的容积较小，里面的动植物数量也少，适于制作。做好后，可以把生态瓶放在不被阳光直射但又可以被照到的教室窗台上，让学生进行持续观察，记录生态系统运转情况。这样可以大大提高学生进行持续性跟踪观察实验的能力。

⑤ 制作物理模型。概念模型是学生最广泛接触的模型，中学课本上有各种各样的概念图，制作起来相对简单。有些概念图，我们可以用挂图演示，比如三倍体无籽西瓜的概念图，一边演示一边让学生进行讲解。有些概念图，教师演示后，让学生自己画。比如体液免疫和细胞免疫可以将学生分组，进行画图比赛。在食物链和食物网的概念模型构造中，还可以把某一个环节抽掉，让学生列举哪些动物可以填补此环节。

⑥ 构建数学模型。这是一个难点。比如碱基互补配对的数学模型，在讲解完碱基互补配对的原理后，教师可以先写两个公式，然后让学生推演其他公式。

例如：种群的数量增长曲线是中学生生物课程“必修三”中非常重要的数学模型。建构此模型，可以用细菌增长模型来进行。这个模型可以让学生进行推导。首先提出问题，细菌每 20 分钟分裂一次，在资源和空间无限多的环境中，细菌种群的增长模式是怎样的呢？学生会考虑到由于资源无限多，所以种群会无限增长。再提出问题，是什么样的无限增长呢？引导学生，一个细菌，分裂第一次，得到几个细菌，再分裂一次，得到几个，再分裂一次呢？然

后再逐步提出，如果不是一个细菌，而是两个、三个，甚至更多呢？根据数学推导，让学生最后推导出数学公式。推导出公式后，再让学生进一步构建曲线模型，得出“J”型曲线模型。然后提问，自然界中是否存在资源和空间都无限的理想环境呢？教师进一步问，如果不存在，那么随着种群密度的增加，种群数量会变成什么样呢？通过逐步分析，引导学生建构“S”型曲线模型。在构建完种群数量增长曲线后，对于学有余力的班级，根据这两个曲线，让学生进一步构建种群数量增长率曲线。

生物模型的种类很多，不同的生物模型有不同的制作方法。盱眙地域虽然不是很大，但是不同的学校办学的条件也有差异，能够选择的乡土材料和制作的方法也不尽相同。不同的学生或许也有不同的想法和兴趣，教师在引导学生制作生物模型的时候，要事先考虑好操作的可行性。同时，制作生物模型时，不论是学生个人制作还是集体分工制作，都要注意应该让所有学生参与其中，教师不要包办，应该从设计模型伊始，就引导学生作为主角参与模型的设计、制作计划的拟订、制作材料的挑选和获取、全部的模型制作过程，以及制作完成后的自我评价和互相评价，这样有助于学生的总结与提高。

4.4　应用 WSW 实践活动模式制作生物模型的意义

(1) 中学生物模型有助于培养学生良好的学习习惯和学习思维

把生物模型应用于中学生物教学上，能够把微观世界展现成可看可触的具体事物，对于提高学生学习生物课程的兴趣、加强学生对相关概念的认知、促进学生动手动脑的能力等都有很大的帮助。在教学中，教师应经常使用生物模型来辅助知识的讲解，更应把生物模型当作知识的本身进行传授。古人说，授之以鱼不如授之以渔，教会学生构建各种各样的生物模型，可以缩短老师枯燥讲解的过程，更能提高学生学习生物课程的主观能动性。

(2) 在教学中制作实物模型，可以促进学生对于抽象知识和微观世界的理解

比如在“人工模拟性状分离比”的实验课程中，各班级自己选取材料，整个课堂完全交给学生自行模拟，然后进行计算汇总。有的班级达到了 1∶2∶1 的优良比例，有的班级虽然没有达到这个效果，但是学生在模拟的过程中已经充分领会到玻璃球为什么要混合均匀的道理。

又如在“模拟生态系统的生态瓶”的制作中，每个小组都要事先考虑放多

少鱼适宜，放了鱼再放虾合不合适？为什么一定要放螺蛳，不放水草行不行，水草放多了行不行，放少了行不行，生态瓶为什么要封闭，为什么要放在有阳光但是又不能让阳光直射的地方？这些思考必定都将使学生把书本上静态的知识转化为动态的、鲜活的事物，使学生从局部到整体，又从整体到局部地去思考问题，理解相关知识。

(3) 生物模型有利于学生对生物学概念的学习

比如“特异性免疫的体液免疫和细胞免疫”对学生来说都是比较复杂和难以记住的知识点。教学中可以尽可能多地让学生自己来画流程图，可以先由老师画概念图，再由学生进行举一反三的模仿。例如，讲解“血糖平衡调节”时，可以先讲解血糖升高后体内的调节机制，并画出流程图，然后让学生思考血糖降低后体内的调节机制，自行画出血糖降低后升高的调节。“构建遗传图解”这样的概念模型对学生掌握遗传学规律至关重要。构建遗传图解可以从亲代往子代构建，也可以从子代向亲代构建，让学生抓住子代基因均由亲代传递的核心，从上往下或是从下往上进行模型构建。

(4) 生物模型可以激发学生对科学研究的兴趣

在教学中，对于那些涉及真实系统的模型，如果能因地制宜地带领学生观察一下更好。比如，可以带领学生到池塘边观察真实的池塘生态系统，让学生记录下不同季节池塘生态系统的不同，同时取水样，放在显微镜下观察不同季节里水中生物的不同。校园里的草地生态系统，以及盱眙境内各山地林区的生态系统，都是可以进行观察的真实模型。此外，人工生态系统也是常见的生态系统模型，比如遍布盱眙城乡的平菇房、农田生态系统等。盱眙的中学生绝大多数学生来自农村，许多学生家中有农田，农田生态系统是最好不过的真实生物模型，对于这些真实的系统观察，有助于学生增加学习生物课程的兴趣，也能够提高学生对知识的理解。

(5) 生物模型的制作也是中学生物课程标准的重要内容

中学生物课程标准中对生物模型的内容，以及怎样进行生物模型的制作有明确、具体的规定。教师在教学过程中应该把生物模型作为一项必须要教会学生理解和构建的重要目标。对于真实的模型，可以在学生掌握相关知识点的基础上，适当引导学生进行延展。人工模拟的生物模型，在“必修三”中，比较典型的就是“人工模拟性状比”和“制作生态瓶”，这两个人工模拟模型都是可以让全体学生参与的模型，在教学中利用这样的模型辅助教学，把枯燥

的知识变成全员参加的“游戏”，有利于提高学生的学习兴趣，但也应注意不要把生物模型的构建课堂变成杂乱无章的游乐场。学生只是乱乱糟糟依葫芦画瓢，没有加深对知识的记忆和理解，也没有很好地锻炼设计、规划的实践能力，对教师来说则是浪费了时间，徒劳无益。

灵活利用乡土资源制作生物模型是中学生物教学的一项基本要求。而采用 WSW 实践活动模式引导学生制作乡土生物模型，既能够使学生学好生物这门课程，也能够促进学生个人能力的发展，还能够激发学生树立热爱家乡、建设家乡的理想与抱负。生物教师应该在教学中积极思考，探索如何结合本地乡土资源的实际，更好地完善 WSW 实践活动模式，将生物模型广泛地应用到教学中来。

附　中学生物教材中实践活动与实验的分类研究

1　生物教材——生物实践活动的资源库

1.1　用好生物课本做实践

中学生物课本在每一章节的前言部分都会有一部分引言介绍，通过阅读这一段文字，学生可以对这一章内容有一个大概的了解，方便建立知识框架。每一章节含有大量的图片、实验，容量大，储存信息丰富，其中大部分图片和实验反映了我们日常生活中遇到的问题，激发了学生的兴趣，这样在学习的过程中学生就可以运用所学的知识解决日常生活中遇到的问题，学以致用，这就是理论与实践相结合。中学生物实践活动是指学生在教师指导下，从学习和社会生活中选择并确定关于生物学方面的研究课题，用类似科学研究的方式，主动地获取知识、应用知识解决问题的活动课程。开设生物实践活动有利于培养学生的创新精神和实践能力，教师应该最大限度地利用课本达到教学目的。

1.2　加强课本与生活的联系(举例)

中学生物课本中有一些“关于颜色的反应”的内容，下面就列举几个生活中常会遇到的颜色反应及它们的应用：

(1) 斐林试剂检测可溶性还原糖

原理：还原糖＋斐林试剂→砖红色沉淀

注意：斐林试剂的甲液和乙液要等量混合均匀后方可使用，而且是现用现配，条件需要水浴加热(放入热水中即可)。(甲液 0.1g/mL 的 NaOH，乙液 0.05g/mL 的 $CuSO_4$。)

应用：检验和检测某糖是否为还原糖，不同生物组织中含糖量高低的测定；在医学上进行疾病的诊断，如糖尿病、肾炎(肾小管病变，导致肾小管重吸收葡萄糖功能受到影响，无法重吸收全部的葡萄糖)。

在《分子与细胞》一书中，介绍的第一个实验就是鉴定食物中的成分。我们每天都吃食物，但是很少有人会去思考我们到底吃了哪些营养成分，这就

引起了学生的兴趣,使学生充满了求知欲。老师在教授这一章节时,可以举这样一个事例:当一个人昏厥或面色苍白的时候,为什么到医院医生会给病人点滴葡萄糖呢?学生会给出各种各样的答案,老师指出其中的可取之处,纠正错误之处,然后给出全面正确的解答。这是因为葡萄糖被称为“生命的燃料”,它可以为生命活动提供必需的能量,所以要给体质虚弱的病人及时注入葡萄糖,保证能量的供应。就如运动会的时候,运动员尤其是长跑运动员在跑步前都会喝点葡萄糖,以保证充沛的体能。葡萄糖是不是还原性糖呢?这就可以应用斐林试剂来进行检测。

(2) 苏丹Ⅲ、苏丹Ⅳ检测脂肪

原理:苏丹Ⅲ+脂肪→橘黄色;苏丹Ⅳ+脂肪→红色

注意:脂肪的鉴定需要用显微镜观察。

应用:检测食品中营养成分是否含有脂肪。

(3) 双缩脲试剂检测蛋白质

原理:蛋白质+双缩脲试剂→紫色

注意:双缩脲试剂在使用时,先加A液再加B液,反应条件为常温(不需要加热)。(A液0.1g/mL的NaOH,B液0.01g/mL的$CuSO_4$)。

应用:鉴定某些消化液中是否含有蛋白质;用于劣质奶粉的鉴定(如毒奶粉)。

(4) 碘液检测淀粉

原理:淀粉+碘液→蓝色

注意:这里的碘是单质碘,而不是离子碘。

应用:检测食品中营养成分是否含有淀粉。

(5) 酒精的检测

原理:重铬酸钾溶液+酒精$\xrightarrow{\text{在酸性条件下}}$灰绿色。

应用:探究酵母菌细胞呼吸的方式;制作果酒时检验是否产生了酒精;检查司机是否酒后驾驶。

在日常生活中,利用某些菌类的呼吸,可以产生某些生活用品。如我们可以利用酵母菌的无氧呼吸产生大量的酒精;也可以利用乳酸菌的无氧呼吸产生乳酸,用以制作酸奶、泡菜等;还可以利用醋酸杆菌生产食醋等,这都是菌类呼吸作用的产物。

(6) CO_2 的检测

原理：CO_2 可以使澄清的石灰水变混浊，也可使溴麝香草酚蓝水溶液由蓝变绿再变黄。

应用：根据石灰水混浊程度或溴麝香草酚蓝水溶液变黄的时间长短，可以检测酵母菌培液中 CO_2 的产生情况。

1.3 生物课本与盱眙乡土资源实践活动相结合

(1) 善于在生活中发现问题并进行剖析

在盱眙，每到冬天，老人们总是会买许多萝卜回家，将萝卜淘洗干净，然后切条，撒上盐，放到阳光下晾晒，一段时间后，就制作成了萝卜干，作为冬天的一道菜来食用。那么萝卜干的制作原理是什么呢？这就是“物质的跨膜运输”一节中介绍的被动运输，利用细胞内外物质的浓度差来达到腌渍食物的目的(哪里浓度大，水分就往哪里跑)。在这一节的教学前，可以提前让学生制作一些萝卜干带到课堂上，并和浸泡在清水中的萝卜干相比较，得出植物细胞吸水和失水的原理。利用这一原理也可以解释为什么萎蔫的青菜放在清水里，一段时间后，萎蔫的青菜又能够硬挺起来(细胞内浓度大，水分进入细胞内)；糖拌番茄的时候为什么会有大量的汁液流出(外界浓度大，水分从细胞内跑出)，这些都是物质跨膜运输的实例(果脯的制作也是这一原理)。

从这些事例可以看出，生活中处处充满了奇妙的事情，我们所欠缺的只是一双善于发现的眼睛。如果我们遇到问题的时候，多考虑“为什么”，我们的知识将会越来越丰富。

(2) 善于理论联系实际

我们学习的目的是为了学以致用，下面我们来看几个运用生物理论知识解决实际问题的事例。

例 1：光合作用知识的应用

春秋两季是旅游的旺季，此时温度适宜，旅游的场地无外乎是名山大川，这些旅游景点都会分布有大量的植物。植物可以美化环境，防风固沙，保持水土，还可以在光下进行光合作用，消耗空气中的二氧化碳，产生氧气，制造有机物，储存能量。人类可以像植物那样只晒太阳不吃饭吗？利用我们所学的知识，我们知道当然不能，因为通过“细胞的结构”这一章节的学习，我们知道人类的细胞中没有叶绿体这一细胞器，这就决定了人类只能直接或间接地

以植物为食，来满足自身生长发育的需要，而不能进行光合作用。既然光合作用可以制造有机物，农业生产的粮食也主要来自于有机物，我们就会希望光合作用越强越好，因为制造的有机物多了，农作物产量也就多了。根据所学习的知识，想一想如何最大限度地提高农作物产量呢？

通过“植物的光合作用”这一节的理论学习，我们可以从以下几个方面考虑：

① 增加光照强度和时间

我们经常会发现种植户在蔬菜大棚中放置一些灯管，这就是为了在阴天或夜晚的时候，增加光照时间；塑料大棚上面的塑料布大多会选择淡蓝色，那是为了过滤光线，增加进光量。

② 增加光照面积

为什么在种植庄稼的时候，庄稼之间要留有一定的间隙，这样不是浪费土壤吗？当然不是，种植庄稼的时候，如果太稀，不能充分利用阳光，是对阳光的一种浪费，造成减产；如果太密，植物的叶片之间会相互遮挡，有许多叶片不能接触到阳光，也会造成减产。这就要求在种植庄稼的时候，合理密植，也可以采用轮作、套作、间作等种植方式，最大限度地利用光照。

③ 高光合作用效率

在大棚种植中，有时会有二氧化碳发生器以增加大棚中二氧化碳的浓度，也因为大棚是一个相对密闭的空间，可以适当调节温度，也可以达到提高光合作用效率的目的。当缺乏光合作用必需的营养元素时，植物会出现如叶片变黄、变小，或叶上有斑点、叶片边缘呈现烧焦状等缺乏症，提供适当浓度的营养元素，能防治植物缺乏症的出现。例如，施用含 N、P、K、Mn、Zn 等元素的肥料也可以促进光合作用效率的提高。

例 2：呼吸作用知识的应用

细胞呼吸要消耗有机物，从而使有机物积累减少，因此，对粮食储藏和果蔬保鲜来说，要设法降低细胞的呼吸强度，尽可能减少有机物的消耗等。粮食安全储藏时，要首先将粮食晒干，保持干燥，还要注意储藏过程中降低温度，以抑制细胞呼吸，延长保存期限。果蔬储藏时，采用降低氧浓度、充氮气或降低温度等方法，目的也是抑制细胞呼吸。例如，苹果、柑橘等果实在 0℃ ~1℃ 时可储存几个月不坏，荔枝一般只能短期保鲜，但采用低温速冻等方法也可保鲜 6 ~8 个月。过去受条件限制，农村会采用密闭的土窖储存水果，实际上就是利用水果自身进行呼吸产生的二氧化碳抑制细胞呼吸的原理。如果你是一个粮食保管员，那么你会采取哪些措施保管粮食呢？当然是低温、干燥、低氧。

例3：光合作用与呼吸作用的综合应用

人们买哈密瓜的时候，为什么总是想买新疆产的呢？因为新疆地区昼夜温差大，白天温度高，光合作用强，产生的有机物多，而到夜间的时候温度低，呼吸作用弱，消耗的有机物少，这样积累的有机物就多，因此，新疆地区产的瓜果与国内其他地区相比较，含糖量更高，更甜一些。通过这一个事例就可以将光合作用和呼吸作用联系在一起，并比较出两者的区别，方便学生记忆。

❷ 利用乡土资源进行中学生物实践活动的常见方式

中学生物实践活动必须结合实际，因此可利用教材，结合本地自然资源等情况，采取多种多样的形式开展。只要形式适当、科学，都能起到较好的教学效果。

1.1　组织学生实地参观体验

对一些规模较大的生产资源、生物资源，以及学生自己不好亲手操作的实验、实践，可以组织学生进行实地参观体验。比如组织学生参观农产品养殖场、农场、苗圃等，参观后可组织学生写体会、感想，并且进行交流和成果展示，进一步引导其思考、探究。

1.2　设计制作生物结构模型

教师可以组织学生使用常见而简单易得的材料制作生物整体或部分结构模型，通过亲手操作、思考，加深学生对生物结构的进一步认识和理解。

1.3　撰写科技小论文

对教材中涉及比较前沿的或其他能引起学生兴趣的知识，可组织学生撰写小论文，在撰写过程中锻炼学生的思考能力和观察能力和查阅资料的能力，然后可以对论文进行交流、展示。

1.4 生物调查和生态调查

可以针对某种生物进行调查，也可以针对环境条件进行调查，还可以对人类某种遗传病进行调查，最后书写出调查报告，为有关部门提供有参考价值的信息资料。比如，盱眙号称“龙虾之都”，教师可以组织学生就“小龙虾”展开调研。

1.5 采集和制作生物标本

教师可根据当地的生物资源，在不破坏生态稳定的情况下，组织学生采集和制作一些标本。如植物标本的采集和制作、昆虫标本的采集和制作等。这既提高了学生对大自然的了解，又丰富了生物学知识。

1.6 实验操作及改进

教材中的实验能让学生亲手操作的最好让其亲手操作，从而加深学生对实验原理和过程的理解，同时，还能培养学生的动手能力、科学探究的思维和实事求是的科学精神。在适当的条件下，可以组织学生对实验过程进行改进，看看能否用更简便易得的材料和方便快捷的方法完成实验。

1.7 动植物的培养和培育

让学生尝试去饲养某些小动物，探索其生活和生存的条件，让学生亲自感受生命的珍贵；通过植物栽培，让学生体验植物的价值，同时也可以进一步向培育、繁殖角度引申、思考。

另外，还可以引导学生进行生物游戏、摄影比赛、专题讲座、野外实习等实践活动。总之，只要开动脑筋，注意观察和思考，生物实践活动的形式和内容便可以是多样的。只要做有心人，从教材中、生活中、自然界中去发现、去分析，就一定会有自己的收获，会把中学生物实践活动开展得有声有色。

实践活动让学生在活动中学习，掌握和运用知识，真正成为学习的主体；在活动中最大限度地发挥主观能动作用，培养实事求是的科学态度，不断探索新知的精神；促进学生个性的充分发展，提高综合能力。因此，教师要树立“以学生发展为本”的理念，要根植书本知识与乡土实际相结合得观念，不断潜心研究课堂教学，努力丰富实践活动内容，切实改进实践活动的方式，真正提高实践活动的内涵，使理论知识与乡土实践活动课结合得更加紧密。

③ 中学生物（高中）教材、课标中可实践活动的归纳

根据中学生物新课标和书本教材内容，结合不同年级的学生学习能力、学习兴趣、生活实际，以及学校实际实验装备、实验人员等方面，依次设计相关可行实践活动目录。这些活动我们都将尝试开展，既要关注活动过程，更要注重分析学生的收获及效果。现归纳出“高中课本常见的可操作实践活动”（共104个）。

3.1　必修一：分子与细胞(24个)

(1) 观察池塘水中的生命世界；(2) 探究植物正常生长发育需要的各种营养元素；(3) 鉴定生物组织中的糖类；(4) 尝试鉴定植物细胞中的脂肪；(5) 多种方法鉴定蛋白质（高温白色沉淀法、燃烧法、尿蛋白试纸测试法）；(6) 正确使用光学显微镜（操作步骤）；(7) 使用光学显微镜观察各种各样的细胞；(8) 制作细胞结构模型；(9) 制作磷脂双分子层结构教具模型；(10) 使用高倍镜观察叶绿体和线粒体；(11) 伞藻移接实验；(12) 制作真核细胞亚显微结构模型；(13) 探究植物细胞的吸水和失水；(14) 探究酶的专一性和高效性；(15) 探究影响酶促反应速率的因素；(16) 叶绿体中光合色素的提取和分离；(17) 探究影响光合作用的环境因素；(18) 塑料大棚的种植和养殖技术；(19) 探究不同波长的光对植物光合作用的影响；(20) 观察植物细胞的有丝分裂（洋葱根尖）；(21) 制作动植物细胞有丝分裂教具模型；(22) 观察植物的不同组织和细胞；(23) 植物的组织培养的操作技术实践；(24) 关于癌症的调查研究及预防。

3.2　必修二：遗传与进化(15个)

(1) 调查粮食问题；(2) 观察蝗虫精母细胞减数分裂永久装片；(3) 豌豆（或其他植物）杂交实验；(4) 模拟孟德尔遗传定律的实践游戏；(5) 尝试研究低温诱导染色体数目加倍的实践；(6) 实践秋水仙素诱导染色体数目加倍；(7) 尝试格里菲斯的肺炎双球菌转化实验；(8) 尝试艾弗里的肺炎双球菌转化实验；(9) 进行噬菌体侵染细菌实验；(10) DNA的粗提取和鉴定；(11) 设计和制作DNA分子双螺旋结构模型；(12) 设计制作密码子编码蛋白质合成过程；(13) 调查转基因生物；(14) 调查人类单基因遗传病；

(15) 调查保护性物种的类型和措施。

3.3　必修三：稳态与内环境(25个)

(1) 制作草履虫结构模型；(2) 尿糖的检测；(3) 调查有关病毒，以及由病毒引发的传染病；(4) 调查艾滋病的研究进展；(5) 了解常见毒品的种类及危害；(6) 认识大脑的结构；(7) 各种分泌腺(内分泌腺、外分泌腺)的结构、功能及探索模型的制作；(8) 感受植物无性繁殖技术(扦插、嫁接、压条)；(9) 催熟剂的应用探究(乙烯对香蕉的催熟作用)；(10) 尝试观察植物生长调节剂对植物生长的影响；(11) 探究生长素类似物促进插条生根的最适浓度；(12) 感受植物的感性运动(含羞草、捕蝇草)；(13) 模拟动物种群密度调查的标志重捕法；(14) 探究酵母菌种群大小的动态变化；(15) 尝试统计大型土壤动物的物种丰富度；(16) 调查池塘生物群落的构成情况；(17) 调查本地退耕还林与生态保护的历史与现状；(18) 调查各种各样的生态系统；(19) 尝试制作腐叶土；(20) 实践探索生态系统中的信息传递实例；(21) 观察与制作小生态瓶；(22) 调查常用农药的使用；(23) 调查本地环境问题的现状；(24) 调查本地生物多样性并总结其重要价值；(25) 调查本地自然保护区。

3.4　选修一(21个)

(1) 实践双蛙心灌流实验；(2) 高压蒸汽灭菌锅及操作；(3) 平菇培养基地实践；(4) 培养基的配置和接种微生物；(5) 大肠杆菌的接种与分离培养；(6) 以尿素为唯一氮源的土壤微生物的分离、培养与数量测定；(7) 分离土壤中能分解纤维素的微生物；(8) 植物组织培养的过程(以天竺葵为例)；(9) MS基本培养基贮备液的配制；(10) 果酒的酿制；(11) 豆制品的发酵加工——制作腐乳；(12) 蔬菜的发酵加工——制作泡菜；(13) 制备果胶酶并观察其作用；(14) 探究洗衣粉中酶的作用；(15) 酵母菌细胞的固定化技术；(16) 离心沉降法和薄膜透析法分离蛋白质；(17) 血清蛋白醋酸纤维薄膜电泳操作；(18) 凝胶色谱法分离血红蛋白；(19) 水蒸气蒸馏法提取橘皮中的芳香油；(20) 玫瑰花瓣中芳香油的粗提取；(21) 目的基因DNA片段的体外扩增。

3.5　选修二(9个)

(1) 实践操作体验常见的植物繁殖技术;(2) 尝试进行奶酪的生产;(3) 尝试进行酸奶的制作;(4) 收集有关移植器官技术的发展状况;(5) 尝试进行动物细胞的培养技术;(6) 尝试实践生物净化环境;(7) 调查利用行道树治理环境污染的实践;(8) 尝试进行生物氧化糖法净化污水;(9) 尝试探究如何利用自然保护区的旅游资源。

3.6　选修三(10个)

(1) 抗软化番茄的培养;(2) 收集生物芯片技术的发展;(3) 讨论转基因植物的安全性;(4) 观察细胞融合实验;(5) 农作物秸秆的多级利用策略实践与思考;(6) 农林牧副渔一体化生态工程的设计;(7) 人工湿地处理污水的实践与思考;(8) 设计矿山废弃地生态恢复工程方案;(9) 生态农业工程方案设计;(10) 生态城市的方案设计。

第5章　中学生物实践课程教案设计

案例1　草莓种植与培育实践活动教案设计

案例2　植物蜡叶标本的简易制作

案例3　制作有图案的叶片书签

案例4　生物实践活动教案设计

案例5　叶脉书签的制作

案例1　草莓种植与培育实践活动教案设计

【活动目标】

① 了解草莓的营养价值,以及对人体健康的益处。

② 了解盱眙草莓种植情况,并熟悉草莓的生长过程。

③ 掌握无性繁殖及植物组织培养的原理、方法和一般步骤。

【背景描述】

草莓属蔷薇科多年生草本植物,大棚草莓栽培容易,管理方便,生产成本低,产量高,收益好。草莓果实柔软多汁,甘酸宜人,有“水果皇后”的美誉。草莓营养丰富,富含多种有效成分,每百克鲜果肉中含维生素C 60毫克,比苹果、葡萄的含量还高。果肉中含有大量的糖类、蛋白质、有机酸、果胶等营养物质。此外,草莓还含有丰富的维生素B_1、B_2、PP及钙、磷、铁、钾、锌、铬等人体必需的矿物质和部分微量元素。

盱眙有很多专门种植草莓的基地,如桂五的陆桥草莓种植专业合作社、十里营草莓种植基地、维桥的草莓种植园等。

草莓的培育比较简单,一般采用移栽的方式就能生长,但如果采用生物技术中茎尖组织培养和花药培养,可在短期内获得脱毒苗并加速幼苗培育。植物组织培养在生物教学中是一项比较成熟的生物技术,在教学理论中,学生都能熟练掌握选用一些幼嫩的部位可以获得脱毒苗的常识,从而提高生物的产量和品质,最终获得更高的经济效益。

硕果累累的大棚草莓

【活动计划】

1. 活动时间:3周,每周半天。

2. 调查内容:了解盱眙各乡镇种植草莓情况;实地观察草莓生长、繁殖情况,尤其是匍匐茎的繁殖方式;向农技师了解脱毒苗的获得(包括茎尖和芽尖的组织培养及花药离体培养)。

3. 调查方式：实地观察，考查本地的水果市场，走访当地农民。

4. 参与人员：生物老师及高一部分学生，分成 6 个小组。

【活动步骤】

步骤一：确定课题

每个小组根据具体的任务，确定子课题。

步骤二：查阅资料

每个小组根据自己的子课题，通过查阅图书或上网等方式了解相关内容，为调查相关内容提前做好课题准备。

步骤三：实践活动

1. 考察盱眙水果市场，实地调研草莓的生长地、价格、储存方式及保鲜期等情况。

2. 考察十里营草莓种植基地，了解草莓的生长周期、收获时间、产量及农民收益情况，并向草莓园主人了解草莓植株的培育方式、常见的病虫害及防治方法。

3. 向农技师咨询植物组织培养的一般操作步骤、培养基的配置和注意事项、脱毒苗的获得和花药离体培养等生物技术问题。

步骤四：完成报告

每个小组撰写调查报告，并且对生物技术事项进行归纳总结。

步骤五：讨论交流

鉴于草莓的种植情况，可不可以在盱眙进行一些推广性种植的尝试？

步骤六：成果展示

为了让其他同学也能了解草莓的基本情况，把所有掌握的资料和数据制成表格，在适当的地点和时间进行公开展示。

【分析讨论】

1. 如何获得脱毒苗？

2. 植物组织培养技术的原理和步骤是什么？

3. 利用花药离体培养有什么好处？

案例❷ 植物蜡叶标本的简易制作

【活动目标】

1. 从学生的兴趣爱好出发，开发适合学生水平、符合学生学习特点的活动。

植物蜡叶标本

2. 通过学习不同类型植物标本的采集和制作，让学生学会植物标本采集、制作的具体操作方法，锻炼和培养学生的动手能力。

3. 通过采集和制作植物标本，促进学生对自然界生物益害知识的认识和了解，增强学生自觉保护生物多样性的观念。

4. 通过对校园植物的认识，让学生亲近自然，提高学生热爱自然、热爱生物、珍惜生命的理念。

【活动计划】

1. 活动适用年级：高一、高二。

2. 最佳活动时间：9 月初。

3. 活动地点：主要是校园，尤其是教室。

4. 活动准备：采集来的植物，旧报纸或草纸，刷子或纱布，标本夹或两块比台纸大一些的木板和书，吸水纸或棉絮，台纸，标签，胶水，胶带或缝衣针和线，毛笔，刀片，剪刀，玻璃纸。

【活动过程】

步骤一：采集标本（主要场所在校园）

应选择以最小的面积且能表示最完整的部分，即选取有代表性特征的植物体各部分器官，一般除采集枝叶外，最好采集带花或果实的部分。如果有用部分是根和地下茎或树皮，也必须同时选取少许压制。每种植物采集要大于 2 个复份。要用枝剪来取标本，不能用手折，因为手折容易伤树，摘下来的

压成标本也不美观。不同的植物标本应用不同的采集方法。

1. 木本植物：应采典型、有代表性、带花或果实的枝条。对先花后叶的植物，先采花，后采枝叶，应在同一植株上，雌雄异株或同株的，雌雄花应分别采取。一般应有 2 年生的枝条，因为 2 年生的枝条较一年生的枝条常常有许多不同的特征，同时还可见该树种的芽鳞有无和多少，如果是乔木或灌木，标本的先端不能剪去，以便区别于藤本类。

2. 草本及矮小灌木：要采取地下部分如根茎、匍匐枝、块茎、块根或根系等，以及开花或结果的全株。

3. 藤本植物：剪取中间一段，在剪取时应注意表示其藤本性状。

4. 寄生植物：须连同寄主一起采压。将寄主的种类、形态同被采的寄生植物的关系等记录在采集记录上。

5. 水生植物：很多有花植物生活在水中，有些种类具有地下茎，有些种类的叶柄和花柄是随着水的深度而增长的，因此采集这种植物时，有地下茎的应采取地下茎，这样才能显示出花柄和叶柄着生的位置。但采集时必须注意有些水生植物全株都很柔软而脆弱，一提出水面，其枝叶即彼此粘贴重叠，携回室内后常失去其原来的形态。因此，采集这类植物时，最好整株捞取，用塑料袋包好，放在采集箱里，带回室内立即将其放在水盆中，等到植物的枝叶恢复原来形态时，把一张旧报纸放在浮水的标本下，轻轻将标本提出水面后，立即放在干燥的草纸里好好压制。

6. 蕨类植物：采生有孢子囊群的植株，连同根状茎一起采集。

步骤二：野外记录

为什么在野外采集时要做好记录工作呢？很明显，正如以上所讲：我们在野外采集时只能采集整个植物体的一部分，而且有不少植物压制后与原来的颜色、气味等差别很大。如果所采回的标本没有详细记录，日后记忆模糊，就不可能对这一种植物完全了解，鉴定植物时也会有很大的困难。

附野外记录表：

采集日期：	
产地：　　　　省　　　　县(市)	
生境：	海拔：　　　　m

续表

<table>
<tr><td colspan="2">习性：</td></tr>
<tr><td>体高：　　　　m</td><td>胸径：　　　　cm</td></tr>
<tr><td>叶：</td><td>树皮：</td></tr>
<tr><td colspan="2">花：</td></tr>
<tr><td colspan="2">果实：</td></tr>
<tr><td colspan="2">附记：</td></tr>
<tr><td colspan="2"></td></tr>
<tr><td colspan="2">科名：　　　　　种中名：</td></tr>
<tr><td colspan="2">种学名：</td></tr>
<tr><td colspan="2">采集者：　　　　　　　采集号：</td></tr>
</table>

步骤三：标本的压制

1. 整形：对采集到的标本根据有代表性、面积要小的原则做适当的修理和整枝，剪去多余密迭的枝叶，以免遮盖花果，影响观察。如果叶片太大不能在夹板上压制，可沿着中脉的一侧剪去全叶的百分之四十。保留叶尖，若是羽状复叶，可以将叶轴一侧的小叶剪短，保留小叶的基部及小叶片的着生地位，保留羽状复叶的顶端小叶。对肉质植物如景天科、天南星科、仙人掌科等先用开水杀死。对球茎、块茎、鳞茎等除用开水杀死外，还要切除一半，再压制，以便干燥。

植物标本的压制装置

2. 压制：整形、修饰过的标本及时挂上小标签，将有绳子的一块木夹板作底板，上置吸湿草纸 4 ~ 5 张。然后将标本逐个与吸湿纸相互间隔，平铺在平板上。铺时须将标本的首尾不时调换位置，在一张吸湿纸上放一种或同一种植物，若枝叶拥挤、卷曲时要拉开伸展，叶要正反面都有，过长的草本或藤本植物可作“N”“V”“W”形的弯折，最后将另一块木夹板盖上，用绳子缚紧。

3. 换纸干燥：标本压制的头两天要勤换吸湿草纸。每天早晚两次，换

出的湿纸应晒干或烘干。换纸是否勤和干燥，对压制标本的质量关系很大。要特别注意，如果两天内不换干纸，标本便会颜色转暗，花、果及叶脱落，甚至发霉腐烂。在第二、三次换纸时，对标本要注意整形，枝叶展开，不使折皱。易脱落的果实、种子和花，要用小纸袋装好，放在标本旁边，以免翻压时丢失。

4. 干燥器干燥：标本也可用便携式植物标本干燥器烘干。原理是通过轴流风机将聚热室中的普通电炉丝和红外辐射同步加热的热气流均匀地吹向干燥室，从瓦楞纸中间的空隙穿过，将植物标本中的水分迅速带走，使标本得以快速干燥。标本压制方法与上述一样，不同的是在每份或每两份标本之间插入 1 张瓦楞纸，以利水汽散发。体积为 500 毫米 ×300 毫米 ×300 毫米的干燥器每次可干燥 100 ~ 120 份标本。标本上的枝、叶干燥一般耗时 20 ~ 24 小时，花、果因类型不同而耗时有不同程度增加。利用干燥器压制标本，不需要人工频繁地更换和晾晒吸水纸，提高干燥速度，降低工作量，标本不因频繁换纸而损失，也不受气候影响，且能较好地保持标本的色泽。同时干燥器所用的红外辐射有杀虫、灭菌作用，有利于植物标本的长期保存。

5. 标本临时保存：标本干后，如不马上上台纸，留在吸水纸中也可保存较长时间。如吸水纸不够用，也可从吸水纸中取出，夹在旧报纸内暂时保存。

步骤四：标本的装订

把干燥的标本放在台纸上(一般用 250 克或 350 克白板纸)，台纸大小通常为 42 厘米 ×29 厘米。但市场上纸张规格一般为 109 厘米 ×78 厘米，照此只能裁 5 开，浪费较大，为经济着想，可裁 8 开，大小为 39 厘米 ×27 厘米，也同样可用。一张台纸上只能订一种植物标本，标本的大小、形状、位置要适当地修剪和安排，然后用棉线或纸条订好，也可用胶水粘贴。台纸的右下角和右上角要留出，以分别贴上鉴定名签和野外采集记录。

步骤五：标本的保存

装订好的标本，经定名后，都应放入标本柜中保存。标本柜应有专门的标本室放置，注意干燥、防蛀(放入樟脑丸等除虫剂)。标本室中的标本应按一定的顺序排列，通常按分类系统排列，也有按地区排列或按科名拉丁字母的顺序排列的。属、种一般按学名的拉丁字母顺序排列。

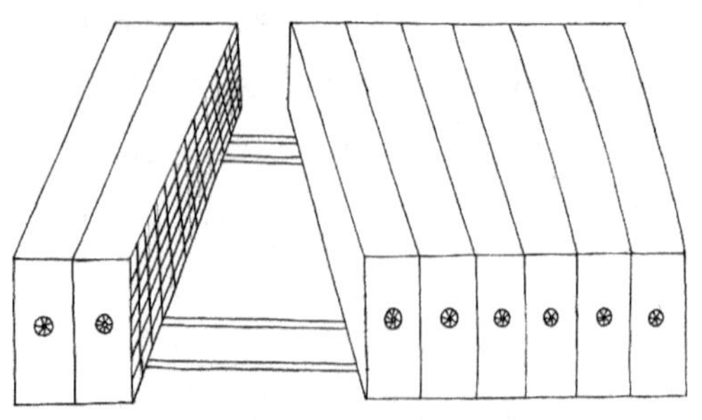

组合式植物标本柜

步骤六：活动的实施(分组进行)

1. 带领学生采集标本，主要场所在校园内，也可以由学生从家里带过来标本。

2. 将采集到的较完好的标本带到教室里，在教师的指导下完成标本的制作。

3. 教师整理好学生制作好的标本，将比较好的标本在实践活动成果展示课上展出。

4. 对每个小组的成果进行评估，标准如下：

(1) 每小组在每次标本制作实验后，每人上交一份实验成果，每个实验成果按等级打分，占总成绩的 55%。

(2) 书面测试。试题主要考核学生对几种比较常用动植物标本制作的掌握情况，要求学生能写出具体的制作流程，并且加强试题的探究性和开放性。这部分占总成绩的 35%。

(3) 出勤率和课堂参与态度占总成绩的 10%。

案例③　制作有图案的叶片书签

【活动目的】

掌握光合作用的原理，自制有图案的叶片书签，增强学生的动手能力，巩固所学知识，以实际操作体验理论知识。

【活动地点】

教室或实验室。

【活动背景】

生物实践活动是课堂的重要补充、发展和延伸，是以学生活动为主的实践活动，是生物学教学全过程中的一个重要组成部分，是立足于中学生物教学大纲和教科书基础之上，组织学生在课外对生物进行观察、实验、调查研究，加深学生对基础知识的理解，培养学生对生物科学的广泛兴趣和必要的操作技能，是培养和发展学生智能的一条重要途径。

【活动内容】

1. 实验材料：盆栽天竺葵、黑纸片、剪刀、笔、酒精、碘酒、大烧杯、小烧杯、镊子、滴管、清水、彩带、培养皿等。

2. 制作过程：

(1) 实验前取一盆天竺葵，放在黑暗处一昼夜，目的是使叶片中积累的淀粉等有机物消耗掉，避免其对实验结果产生影响。

(2) 用笔在黑纸片上画出自己想制作的图案，然后用剪刀剪出相应的图案，用黑纸片夹住天竺葵的几片叶片，放到阳光下照射 3 ~ 4 小时。

(3) 剪下遮光处理过的叶片，去掉黑纸片，浸入盛有酒精的烧杯中，隔水加热（酒精是易燃品，盛有酒精的小烧杯必须隔水加热），使叶片的绿色完全褪去（叶绿素溶解在酒精中）。

(4) 几分钟后，待叶片变成白色时取出，用清水漂洗干净，放在培养皿中，滴加碘酒。几分钟后，就可以看到图像印在叶片上面了。这是因为绿叶在光下进行光合作用产生淀粉，由于有形状的黑纸的遮挡，叶片各部分的光照强度不同，制造的淀粉多少不同，加碘酒后产生的蓝色就有深有浅，所以叶片就显出像了（淀粉遇碘会变成蓝色）。如将此叶片晾干、压平，系上彩带就可成为一张有图像的叶片书签。

学生制作的叶片书签

3. 评价：学生相互之间评价。

【活动总结】

通过活动,可以让学生明确植物光合作用必须在光下才能进行,巩固所学知识,锻炼学生动手能力,提高其学习兴趣。

案例4　生物实践活动教案设计

【活动目标】

开设生物实践活动的目的是为了实施以培养创新精神和实践能力为重点的素质教育。生物实践活动应在教育总目标的指导下,通过各类活动使理论和实践相结合,扩大学生知识面,发展学生个性特长,提高学生实际操作的能力及运用知识解决实际问题的能力。生物实践活动应该和生物学科课程在内容上、形式上、目标上互相补充、有机渗透,形成完整的知识结构,使学生对未知知识既可以系统地学"深",又可以联系实际地学"活"。开设生物实践活动的目的在于改变学生以单纯地接受教师传授知识为主的学习方式,为学生构建开放的学习环境,提供多渠道获取知识并将所学的知识加以综合应用的机会,促进他们形成积极的学习态度和良好的学习策略,培养创新精神和实践能力。生物实践活动强调对所学知识、技能的实际应用,注重学习的过程和学生的实践与体验。

【活动内容】

我校开设生物实践活动,具有较强的可操作性,取得了良好的效果。具体活动如下:

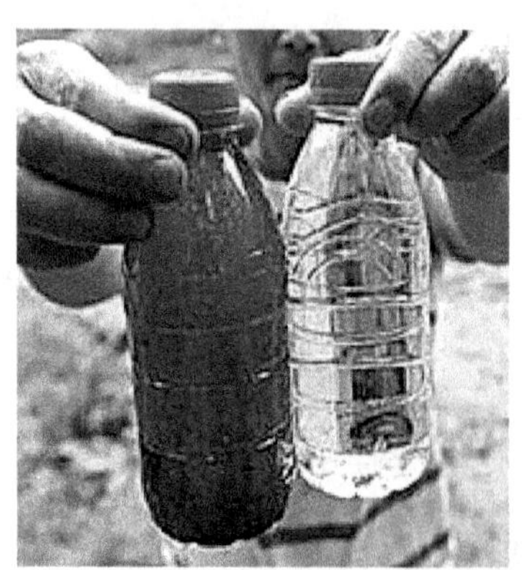
学生进行污水取样

1. 参观防疫站

活动概述:参观防疫站,了解相关的免疫知识,进一步熟悉相关的预防接种注意事项。学生结合必修三学习的免疫学知识,具体了解各种疫苗的使用和注意事项,加深对教材的理解和掌握。

2. 淮河污染状况调查

活动概述:组织学生对淮河水的状况进行调查研究,在不同河段分别取样,调查分析河水中微生物的种类数量,有机质污染状况、含氧量,并且进一步了解调查河水中大型动物的种类分布和数量,还要调查河流沿岸的主要污染源。结合教材关于生态保护的相关知识对各种调查结果进行分析解释,利用生态系统的自动调节能力提出相关的建议和意见。

3. 饲养小蝌蚪

活动概述:春季在河水中收集小蝌蚪,回实验室后制作培养箱,组织专人定期饲养,并每天观察记录小蝌蚪的体长、尾长、四肢长度、头宽等指标,也可以结合必修三关于激素调节的相关知识,对小蝌蚪进行切除甲状腺或饲喂甲状腺激素的饲料等措施,观察小蝌蚪发育的速度。

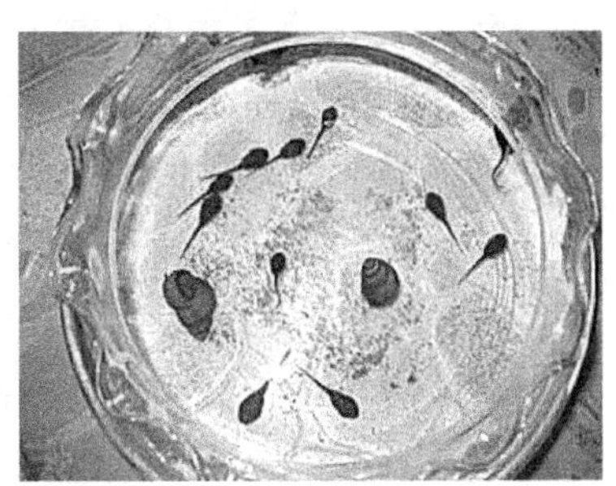

学生饲养小蝌蚪

4. 动物标本的制作

活动概述:春季到山林中捕捉各种昆虫,蝴蝶、蜻蜓、蚱蜢、蚯蚓、蜘蛛、土鳖、金龟子等,制作标本。收集或购买青蛙、鱼、兔子、鸡、羊头等材料,在实验室组织学生制作骨骼标本。

5. 植树造林

(1) 在校园内进行义务绿化活动,既美化校园,又为学校建设贡献力量。

(2) 组织学生到山区沿河等地进行植树造林活动。

活动概述:每年3月12日是植树节,在这个春暖花开的日子,带领学生走进自然。还有什么比植树造林更能培养保护环境的意识呢?

6. 义务宣传环保意识活动

(1) 搜集各种环保资料,整理成册或印制环保宣传单。

(2) 利用节假日在校园内或者广场等地进行环境保护宣传。

(3) 在宣传中号召大家保护环境,倡导低碳生活,了解各种环保措施。

活动概述:青少年是祖国的未来和希望,在创造物质文明的同时,我们是否还能为他们留下一片洁净的蓝天、一汪清澈的水湾?环境保护从我做起,更要从小做起,在宣传环保的过程中陶冶情操。

7. 参观当地的花卉市场

(1) 参观花卉市场,了解各种观赏花卉的名称和特点。

(2) 了解各种作物和花卉的无土栽培技术,或者组织培养技术。

(3) 总结各种室内观赏植物的功能。

活动概述：在花的海洋中，能够充分激发学生对生命的渴望和热爱。学生了解各种花卉的习性，总结室内观赏植物除了观赏价值之外还有哪些价值，比如净化空气、杀菌保湿等。

8. 当地生态大调查

(1) 和畜牧局联系，了解当地畜牧业和渔业养殖生产概况。

(2) 和林业局联系，了解当地森林、绿地覆盖面积和分布情况。

(3) 和农业局联系，了解当地主要农作物及其种植规律和经济效益。

活动概述：政府机关中有些数据值得我们借鉴，发动学生走出校园，走进社会，四处探访，收集各种资料和数据，对本地的生态状况进行大调查，使学生对家乡有了更深的了解和感情。

9. 研究鱼从其排泄物中获得何种营养

目的：平常鱼有不断吃吐排泄物的习惯，探究鱼从排泄物中获得的营养。

材料：鱼的排泄产物若干(一部分为第一次排泄物，另一部分为第三次排泄物)、双缩脲试剂、斐林试剂、碘液、苏丹Ⅲ号。

实验过程：

(1) 将鱼的排泄物分两份，滴入双缩脲试剂，若无颜色变化，则无蛋白质；若前一部分有紫色沉淀，后一部分没有，则说明鱼又吸收了蛋白质。

(2) 后面的试剂依次重复前面过程(斐林试剂要加热)，得出结论。

教师点评：构思非常新颖，应该鼓励这种大胆创新的精神。

10. 研究山药炒出来的黏液成分

猜想：山药炒出来的黏液成分为淀粉。

材料：山药黏液、淀粉。

实验过程：取山药黏液少许，加入碘液少许。

实验结果：若山药黏液变蓝，则证明其成分为淀粉，若不变蓝，则证明假设不成立。

教师点评：很多项目的不明确性及材料的难以选择，使得本来设想很好的实践活动变得有些高深莫测。日常生活中的问题很多，我们该怎样在有限的条件下帮学生探究明白呢？

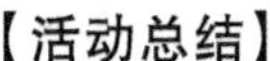

【活动总结】

1. 建立综合实践活动基地，开发有效教学资源包，找一条适合学生学习生物知识的途径。

2. 学生潜能很大。在活动中，学生能够寻找到很多课堂上无法发觉到的闪光点，教师要关注学生的独特体验和感受。

3. 学生是综合实践活动的主体，综合实践活动的关键是让学生自己去"做"，去探索，去感受，在潜移默化中能力得到提高，教师只需在必要时加以点拨，不要越位。

4. 生物实践活动中，限于实际，教师并不能做到对所有学生进行跟踪评价，因此，学习的效果可能有差异。

案例5　叶脉书签的制作

【活动目标】

1. 使学生了解植物的叶、叶脉是由坚韧的纤维素构成，在碱液中不易煮烂，而叶脉四周的叶肉在碱液中容易煮烂。

2. 带领学生走进生物世界，了解树叶的神秘所在、叶脉结构之奇妙。学会叶脉书签的制作方法，并通过化学与生物的知识将大自然和现实生活紧密联系。

3. 通过此项活动，丰富学生的课余生活，培养学生的生物科学素质，提高学生的动手能力、实践能力、创新能力和小组合作能力，并渗透思想教育和科学观点教育，注重学生非智力因素的开发。学生可以自己动手制作艺术品，发现创作的乐趣，培养欣赏的眼光。在活动过程中，可以增加教师与学生之间的交流。

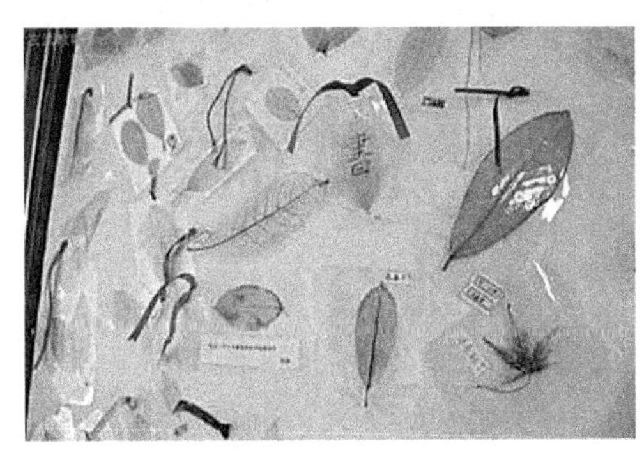

学生制作的多种多样的叶脉书签

【教学策略】

教师利用课余时间，先进行相关试验，考察实验的可行性，并准备相关的仪器设备及实验药品。提前一天给同学们说明实验要准备的物品，以自由组队形式参与，一个团队3~4个人。活动结束后，每位同学将自己的作品进行个性化设计和处理，塑封，展示。

【学情分析】

高一年级学生刚刚接触高中生物教材，在课堂上偏重理论学习，忽视了实验操作。我们开展制作叶脉书签活动，旨在告诉学生们：生物是有意思的，并非是呆板的文字。

【实验原理】

叶肉遇到腐蚀性液体（如氢氧化钠溶液）就会发生腐烂，经过加热，会腐烂得更快。叶脉比较坚韧，不容易被腐蚀。因此，可以用一些叶片坚硬、叶脉坚韧的树叶制作叶脉书签。

【活动准备】

1. 材料：在校园中寻找质地较坚韧、网状脉较明显并且较成熟的叶片，如桂花树叶、广玉兰树叶等，采集时要将叶柄一起摘下。

2. 器材：1L烧杯、酒精喷灯、火柴、石棉网、三脚架、镊子、玻璃棒、水槽、旧的软毛牙刷（学生自带）、吸水纸、天平、铁盘、毛笔等。

3. 试剂：氢氧化钠（具强腐蚀性，使用时应特别小心）、碳酸钠、双氧水（或漂白粉）、红墨水、蓝墨水或其他颜料。

【活动过程】

1. 准备工作

（1）活动前一天，根据班级人数将学生分组。让学生第二天自带软毛牙刷。

（2）教师带领学生在校园内采摘桂花树叶、白玉兰树叶，并洗净。准备好活动所需的试剂和仪器。

（3）活动前，向学生展示已经制作好的漂亮的叶脉书签，宣传此次活动的

意义并讲解叶脉书签的制作方法。

2. 活动开始

（1）各小组组员分工合作，开始制作叶脉书签。具体过程如下：

① 用一个1L的烧杯，加入500mL水，再加入20gNaOH和15gNa_2CO_3，边搅拌边加热至沸腾。这种溶液叫腐蚀液。

② 将叶片放入适量的腐蚀液中煮沸。在煮的过程中，要用镊子镊住叶柄轻轻摇动（或用玻璃棒轻轻搅拌），使叶片均匀受热并与腐蚀液充分接触，切忌用力过大。

③ 煮沸后，根据叶片的不同及其他具体情况掌握时间，通常以叶片变黑为观察依据。一般煮沸后还需再煮10分钟左右，注意不要让叶片重叠在一起。

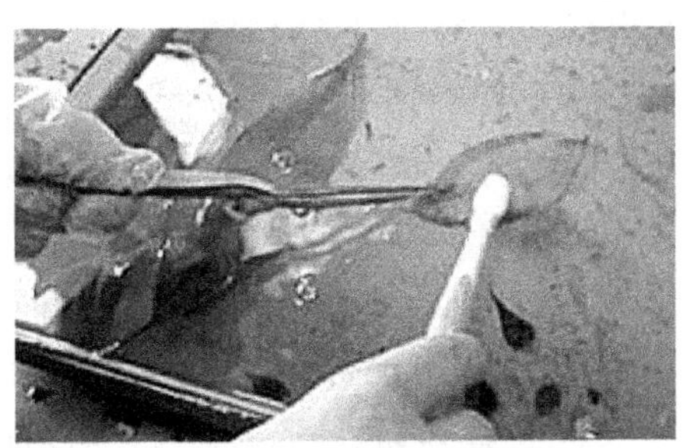

叶脉书签的制作过程

④ 煮好叶片后，用镊子将叶片放在有清水的水槽中冲洗，漂洗去黏液。注意不要直接用手拿叶片，以防被溶液腐蚀。

⑤ 叶片冲洗干净后，将其摊在平坦处（如铁盘、玻璃片上），用软毛牙刷在流水中轻轻地刷叶片的正面和背面，刷去叶片上柔软的叶肉，露出白色的叶脉。在洗刷时必须仔细小心，切忌急于求成，否则叶脉易刷坏。刷不掉的，可以放回腐蚀液中再煮一下，直至除去叶肉为止。

⑥ 将刷洗净的叶脉放在双氧水（或漂白粉溶液）中漂白后捞出，用清水冲洗后夹在旧书报纸中，吸干水分后取出。

⑦ 将叶片放在红墨水或蓝墨水中染成自己所喜爱的颜色，也可以用毛笔在叶脉两面涂上水彩颜料。叶片稍干后，根据喜好为叶脉添加装饰（如在上面作画、写字，在叶柄上系一条彩色丝线）。待叶片干燥后，装于透明塑料袋中（或夹在书本里）压平，过胶保存，就得到了一张精致美丽的叶脉书签。

（2）每个小组展示自己的作品，稍作介绍，并谈谈此次活动的感想。教师进行评价。老师选取做得比较好的叶脉书签写上学生的姓名，以备展览。

【活动总结】

叶脉书签的制作实验既能激发学生动手做实验的兴趣，也能让学生掌握相应的实验技能，还能培养学生的探究能力和合作精神，一举多得。

1. 本活动所用材料是校园中的树叶，方便易得，几乎不需要其他任何费用。

2. 指导学生做实验时应注意的事项：(1) 碱液腐蚀性较大，实验时最好戴橡胶手套；(2) 制作叶脉书签一般用叶脉坚韧、不易断裂易保存的叶片；(3) 刷叶脉时应注意力度，以免刷坏叶脉；(4) 用过的腐蚀液可重复使用4～5次；(5) 如加工处理的叶片太多，用大烧杯，腐蚀液的量要相应增加；(6) 如果叶肉刷不掉，可以考虑适当延长煮沸时间；(7) 由于煮沸的时间较长，可以考虑用开水溶解氢氧化钠和碳酸钠，另外为了节约时间，从溶液配制到将叶片煮沸，可以由老师提前完成，学生直接进入刷叶片环节；(8) 氢氧化钠价格较高，可考虑用石灰水或碱面代替。经过修饰的叶脉书签成品很漂亮，可以让学生产生美的享受。

3. 此次活动之后，老师还可以引导学生对以下两个问题进行实验探究：

(1) 碱性溶液浓度大小的影响(以200mL水为配置标准)。

(2) 用以上实验所得的最佳条件来探究不同树叶对制作叶脉书签的影响。

附 1

“叶脉书签的制作”活动反馈问卷

你好！

欢迎参加“叶脉书签的制作活动情况”的调查工作！此次调查是总结大家对“叶脉书签的制作”活动的感受和体会，以及对此次活动的意见和建议。本次活动注重培养大家的生物科学素养，旨在增强大家的动手能力、自主能力和团队合作意识，提高自身的综合素质。希望你能抽出一点时间积极配合我们的调查工作，谢谢你的参与！

本次调查采用匿名形式，我们将严格保密你的信息，请放心作答。

1. 在本次活动之前，你对叶脉书签制作的了解程度：

□ 完全了解　　□ 基本了解　　□ 一般了解

□ 不了解　　□ 完全不了解

2. 通过本次活动，你对叶脉书签制作方法的了解程度：

□ 完全了解　　□ 基本了解　　□ 一般了解

□ 不了解　　□ 完全不了解

3. 在活动过程中主要通过什么渠道获得叶脉书签制作的资料？（多选题）

□ A. 网络　　□ B. 书籍　　□ C. 教师

□ D. 父母　　□ E. 其他

4. 在整个活动过程中，你们小组成员间合作融洽吗？

□ 非常融洽　　□ 比较融洽　　□ 一般

□ 不太融洽　　□ 非常不融洽

5. 你觉得这次活动对你自身综合素质的提高是否有帮助？

□ 帮助很大　　□ 帮助较大　　□ 一般

□ 帮助很小　　□ 基本没帮助

6. 对于自己在此次实验中的表现的满意度：________。

□ 60% 以下（差）　　□ 60%~69%（中）

☐ 70%~84%(良)　☐ 85%~100%(优)

7. 你在这次活动中学到了哪些东西?(多选题)

☐ 叶脉书签的制作方法　☐ 动手能力

☐ 自主能力

附2

生物科技活动与科技小论文
——生物实践教学的升华

❶ 学会思考——点燃思维的明灯

提高生物科学素养、面向全体学生、倡导探究性学习、注重与生活的联系是生物课程的基本理念。这一理念要贯穿于教学的始终,才能体现课程本身的性质。这一基本理念要求生物教师帮助学生逐渐形成生物学思维方式,用所学到的生物学基本知识和基本原理,去解决与生产生活密切联系的实际问题,提高他们的创新精神和实践能力。

在实际教学过程中,教师要给学生最大的思维空间,即使是一个很小的问题,也不要把结果直接呈现给学生,不能剥夺学生的任何一次思考的机会。在学习单克隆抗体的内容时,课堂上出现了以下场景:

教师:大家通过前面的学习知道,在动物发生免疫反应的过程中,体内的B淋巴细胞可以产生多达百万种以上的特异性抗体,但是每一个B淋巴细胞只分泌一种特定的抗体,我们如何获得单一的抗体?请大家思考,可以进行讨论。

学生甲:用一个B淋巴细胞进行动物细胞培养,得到细胞系,就可以获得单一抗体。(很自信)

学生乙:如果真的是这样,单克隆抗体的内容应该在动物细胞培养之后就介绍,为什么要放在动物细胞融合之后呢?我还没有一个充分的理由,但

总觉得有点不对。

教师：大家的思维很活跃，我们每一位同学都要积极地思考问题，这样我们的收获才会更大。哪位同学再来说说自己的看法？

学生丙：我认为甲的说法不可行，因为要得到单一的抗体，用单个的B淋巴细胞进行细胞培养要经历两次生长危机，而每一次生长危机只有极少数的细胞能够保留下来并继续传代，单个的B淋巴细胞要得到细胞系几乎是不可能的。（大家又展开了热烈的讨论，教师给予充分的时间，让学生有思考的空间。最后大多数学生同意丙的看法。）

教师：既然大多数同学都赞同丙同学的说法，那我们如何解决这个问题？有保留意见的同学我们还可以在课下继续查找和搜集资料，看看是否可行。（学生们完全进入探究问题的气氛中，你一言我一语，各抒己见。）

学生丁：B淋巴细胞能产生单一抗体，但不能无限增殖，要是能像癌细胞那样无限增殖就好了。（学生们点头，又进行讨论）

学生戊：我想到了刚才乙说的话，既然把单克隆抗体的内容安排在动物细胞融合之后，很可能用到细胞融合的知识。所以我想是不是把B淋巴细胞与癌细胞融合，这样融合细胞就既能产生单一抗体，又能无限增殖，我们就可以得到大量的单一抗体了。（全班响起热烈的掌声）

本节课的一个教学难点就这样突破了。课后，我认真地反思了这节课，到底什么样的课是一节成功的课？难道只有按照事先准备好的环节来上并且达到教师自认为满意的程度才算是一节成功的课吗？一节完整的课与学生的思维碰撞后获得的惊喜相比，哪个更重要是显而易见的。社会的发展呼唤创新，教育改革更需要创新，我们需要的就是转变学生的学习方式，提倡和发展多样化的学习方式，特别是提倡“自主、合作、探究”的学习方式，在生物学科中，进一步突出对学生科学素养的培养，并将科学探究置于核心地位。那么我为什么要限制学生思维呢？有时候一些意外的惊喜的出现，可能会打破一节课的时间的限制，虽然事先准备的课可能没有按预期完成，但学生通过自己智慧的双眼、开放的思维发现了问题，还有什么比这更让人激动、更让人兴奋呢？

② 中学生物科技活动

新课程改革的实施已经有些年头了，其目的就是要从应试教育转向素质教育，也就必然要注重学生科学素质的培养。而开展中学生物科技活动，对于丰富学生的科学知识，培养学生创新实践能力有重要意义，更有助于加快推进生物新课程改革的脚步。

作为一名中学生物教师，我在指导学生开展生物科技活动过程中，注意培养学生的学习兴趣和生物科学素养，加强学生创新思维和实践能力的训练，帮助学生把好研究项目的选题关，因地制宜地指导学生开展生物科技活动，充分发挥辅导教师在科技活动中的引导者、组织者的作用。对于生物科技活动如何更好地开展和生物科技活动给学生带来的改变，我也做了一些研究与总结。

（1）如何更好地开展生物科技活动

① 激发学生的求知欲

中学生一般喜欢形象的、刺激的、新奇的和有趣的事物，厌烦枯燥无味的东西。要想激起学生对生物科技活动的兴趣，可通过丰富多彩的科技活动让学生主动体验，丰富他们的精神生活，使其产生科学情感，学会科学探究，形成研究科学的思想和方法，培养青少年科学探究意识和创新精神。通过生物教学和平时与学生的接触、交谈，主动了解学生对什么样的科学问题感兴趣。不断地给学生创设能激发新异感的科技创新活动情境，激发他们的探究欲。

② 引导学生发现问题

生物科技创新活动作为教学的一种辅助手段或者说是课堂教学的一种延伸，旨在为学生创设各种动手、动脑的机会，同时也是扩展想象、激活发散思维的过程。在学生自主开展的科技活动中，教师应跟踪辅导，不断激发其科学探究的兴趣，及时点拨不断涌现新的问题。比如，在开展“验证细菌分布广泛性”研究性课题时，及时设疑：在培养细菌的过程中能否出于好奇，随便打开培养皿盖？为了提高温度，能否放到太阳底下晒？观察过程中能否随便接盖后习惯性用手去摸或用口去吹？实验结束后，培养物、试管棉塞如何处理及试管、培养皿如何洗涤？等等。学生受启发的过程也是学生思考的过程，发现还有许多未知领域值得去探索。学生们思考、讨论、归纳、寻找答案等的过程，也是一种再发现、再创造的过程。

③ 结合学生家庭环境

学生家庭背景有较大的差异，家庭成员的职业、兴趣爱好都可以成为生物课程资源。结合学生家庭的实际，开展有针对性的生物科技活动，能极大地调动学生学习的主动性和积极性，也给学生运用生物学知识参与家庭事务的讨论提供了机会。例如，盱眙县城有花鸟市场，有一些学生家长从事花木种植或销售，可以组织学生进行植物快速繁殖的实验探究、病虫害防治研究。随着生活水平的提高，家庭养花、养鱼、养鸟、养狗等已经是十分普遍的现象，可以开展花木栽培实验、动物行为研究等。这些活动一方面联系学生的家庭生活，同时也是课程标准的具体内容（尝试植物的扦插或嫁接）或活动建议（探究蚂蚁或其他动物的行为）。

（2）中学生物科技活动的意义

① 促进了学生学习方式的变革

现代教育心理学研究表明，学生学习的过程与科学家探索的过程在本质上是一样的，都是一个发现问题、分析问题、解决问题的过程。传统的教学强调接受学习、死记硬背和机械训练，导致学生越来越不爱学习，越来越不会学习；导致学生迷信权威和思维定式，抑制了创造力的发挥；导致学生变得内向、被动、缺少自信和人际关系冷漠。通过开展生物科技活动，培养学生主动参与、乐于探究、勤于动手、分析和解决问题的能力、交流合作的能力，可以促进学生的学习方式向自主学习、合作学习、探究性学习转变。

② 培养了学生的观察和动手能力

生物学是研究生命的科学，而自然界中生物体的形态结构、生活习性、生殖发育等特点多种多样，纷纭复杂。生物科技活动是沟通书本理论和生物技能的桥梁，是培养和训练学生观察能力、动手能力的重要途径。我们采用WSW 实践活动教学模式，通过组织学生实地考察、实地实习、采集标本等科技活动，不仅培养和训练了学生在自然界中去观察生物体的形态结构、生活习性、生殖发育等特点的方法，而且培养和训练了学生去识别、采集和动手制作动植物标本的能力。

通过生物科技活动，能促进学生养成善于质疑、交流释疑、进行科学探究的习惯。通过设计实验、观察现象、分析数据等实践，可使学生体会到知识作为能力载体的深刻含义，使教师体会到新课程理念所倡导的育人为本思想。为学生创设生动、活泼、有趣、知识性的探究情境和创新发展空间，学生拓宽了知识面，开阔了视野，学会了收集、加工信息的方法，也培养了学生的兴趣特长，提高了学生动手、动脑能力，使其逐渐形成创新、协作、交流的学习模式，全面提升了科学素养和道德情感。学生的主体作用和主观能动性在科技创新实践活动中得到了充分发挥，真正体现了“学习即生活，生活即学习”的教育教学理念，为学生终身学习奠定了基础，确保了科技教育和学科教育相结合，实现了科技实践活动和科技创新活动的统一。

③ 中学科技小论文

（1）什么是科技小论文

将一项科学技术实践活动如实地表达出来，进一步从中发现、提出问题和解决问题的文章叫作科技小论文（以下简称小论文）。

它的表现形式是多种多样的：可以是对某一事物进行细致观察和深入思考后得出结论；可以是动手实验后分析得出的结论；也可以是对某地进行考察后的总结；还可以是靠逻辑推理得出的结论……

（2）小论文的要素是什么

小论文的要素是指论点、论据和论证。论点就是论题，是文章论述的对象和中心。论据是作者用来证明论点正确的理由和依据，就是通常所说的证明材料。论证就是说理，就是运用论据来证明论点的正确的过程，也就是论据和论点联系起来的方式和方法。上面谈到的三要素中，论点是解决“证明什么”的问题，论据是解决“用什么来证明”的问题，论证是解决“如何去证明”的问题。

（3）小论文涉及的内容有哪些方面

这里只讨论涉及中学生物学的小论文。

（4）小论文的要求有哪些

小论文应具有科学性、创造性、实践性、真实性。

科学性：科学性是科技小论文有别于其他各类体裁文章的重要特点之一，是科技小论文的生命。它要求选题科学，立意明确，研究方法正确，论据充分确凿，论证合理且符合逻辑，或经得起多次重复实验的考验而确立的新观点或认识，文字简洁准确。

创造性：小论文的选材、主题及提出的观点要有新意、有创见。如在实验

上采用新的方法，或有科学根据地提出一种新的观点，或将其他科学的研究成果创造性地运用到自己正在进行的科学探索研究项目中来，甚至有所发现，有所发明，有利于人类社会的文明与进步。

实践性：小论文选题必须是作者本人在科学探索活动中发现的。支持主要观点的论据必须是作者通过亲自参加科学探索活动的各种实验、观察、考察、观摩、制作、研究等活动获得的，内容必须具体，有实践依据，有实际意义，不能像写科幻故事那样撰写科学小论文。

真实性：论文必须是作者本人撰写的。严禁弄虚作假由他人代写，老师可以指导、修改，但不能包办代替。小论文写作时，允许参考有关文献资料，但引用字句必须注明出处；在进行阐述时，要使用准确的科学概念体系，不得随意夸张、渲染、移花接木。

以上"四性"是衡量科学小论文的质量标准。如观察某种植物，尽管你的观察细致入微，它的姿态你描写得栩栩如生，它的生境分布、分类地位、形态特征等被撰写得生动详尽，但如果没有获得科学的、有意义的结论(创新点)，那最多只能算是一篇好的散文或观察日记，而不是科学小论文。

(5) 科学研究的基本方法

① 做出假设

② 选择问题

③ 设计、实验

④ 结论

⑤ 总结

⑥ 分析

⑦ 完成论文

(6) 写论文的步骤有哪些

写论文的步骤有：选题、收集材料、观察和实验、形成论文、论证。

论文选题方法：

① 偶然发现法。如《洪泽湖水质污染的调查》。

② 课堂延伸法。如《盱眙市民对艾滋病患者和病毒携带者态度的调查》。

③ 问题探究法。如《盱眙县凹土资源的分布和用途探究》。

④ 教师指导法。如生物、科学课等课外活动小组。

⑤ 成语、谚语科学验证法。

选题注意事项：

① 选题必须具有科学根据，有研究价值和现实可行性。

② 选题要量力而行。不能脱离本身实际，要根据自己的知识水平和实际能力，不能好高骛远，要考虑自己是否具有观察、测试、实验能力和条件，没有经过实践，没有可靠的材料和数据，是不可能写出有科学价值的小论文的。

③ 选题宜小不宜大。论文价值与题目的大小没有多大关系，小题目可写大文章，初学者最好一题一设，题目大了费时费力，不容易说清楚，往往写不下来，而题目缩小，论据材料容易收集，也降低了论文的写作难度。

④ 选题要具有实效性。要选能直接对科学技术的发展、经济建设和人民的生活、生产、学习有意义的题目或能给人们以启迪、思考作用的题目。

⑤ 选题要注意方法。

收集材料：不管是哪种论文，都要收集论据和材料。这些材料包括事例、数据、图表、照片、前人的科研成果等，有了大量的材料，我们才能从中选出具有代表性、典型性的部分来应用，收集的材料越多越好，有一定的数量才能保证质量。

观察和实验：观察和实验是搜集科学事实获得感性经验的基本途径，是形成发展和检验自然科学理论的实验基础。观察要由外及里，由静到动，步步深入，发现特点，做好记录。边观察还要边思考，实验前要先确定好实验的目的，要有科学的态度，还要细心。准备好仪器、器材，认真观察现象，认真分析结果，做好记录。实验要经得起失败的考验，要有对比性和重复性。

形成论点：论点就是作者对某些事物或现象经过探索研究后，提出自己的看法和见解，体现出作者的基本观点和基本态度，是论文的中心，起统帅作用。

论证：有了材料和论点，有了论题和论据，就有了论文的内容，采用一定的方法和形式来进行论证。

(7) 小论文常用的类型有哪些

小论文常用的类型有：

① 观察报告

科学观察小论文，是指青少年对某事物或自然现象通过周密细致的观察，并对取得的材料和数据进行认真的分析、综合研究后得出结论，做出科学的解释和描述。

写观察报告，首先要明确观察的目的是要解决什么问题，观察时要详细记录，写明在什么时间、什么地方、什么情况下进行观察，观察中得到的事实、数据或现象一定要写清楚，有些情况和数据可以采用表格方式表示，这样可以减少文字叙述的烦琐，使人通过图表对论述的问题一目了然。

② 实验报告

实验报告是青少年对研究的对象创设特定的条件，经过反复实验，对获取的材料和数据进行分析、综合得出结论而写出的文章。它着眼于对实验过程的客观叙述，以及实验现象的科学解释。

爬山虎能爬墙，这是许多同学知道的。但是，爬山虎为什么能爬墙呢？有同学通过观察发现这与爬山虎的“触角”有关，接着他测算了平均每一米长的爬山虎茎干上有25个吸附在墙上的“触角”，并做了“触角的拉力测定和吸附作用”实验。实验目的明确，实验步骤详尽，数据准确，说服力强，得出的结论真实可信。

③ 考察报告

青少年对某一与科学探索活动有关的自然现状进行实地考察，有针对性地收集材料，经过研究整理后，写成书面内容的文章，叫作考察报告。

④ 调查报告

调查报告是以调查手段为主，获得原始数据，加以分析总结后撰写的论文。

首先要把调查的一些情况做简要的说明，如调查的目的、时间、地点、对象、范围、经过、方式、方法、结果等，再根据调查的顺序或者事物发展的阶段详细写出调查报告的内容。

⑤ 科学说明小论文

科学说明小论文是指作者利用翔实可靠的资料对某一自然现象或自然事物进行解释和说明的一类小论文。一般来说，它并不直接采用观察、实验、考察等研究手段，而主要是从书刊资料或师长那里获取丰富的第二手材料，并经过自己的综合分析、逻辑推理，用自己所理解的语言阐明某一观点。

⑥ 学术性专题论文

学术性专题论文是指青少年在科学探索活动中受到启发，发现问题引起思考，并进一步进行科学探索和研究，通过实验、观察、计算，运用概念、判断、推理、证明或反驳等逻辑思维手段来进行分析，表述科学探索活动中的某一领域科学研究和技术研究中的各种问题和成果,概括出常规性的结论文章。

(8) 小论文的组成部分

① 标题

科技论文标题选择与确定,应尽量少用副标题。同时,这种标题不能用艺术加工过的文学语言,更不得用口号式的标题。它最基本的要求是醒目,能鲜明概括出文章的中心论题,以便引起读者关注。科技论文标题还要避免使用符号和特殊术语,应该使用一般常用的通俗化的词语,以使外学科的人员和有一定文化程度的群众也能理解,这才有利于交流与传播。

② 作者及其工作单位

署名时,可用集体名称或个人名义。个人署名只用真实姓名,切不可使用笔名、别名,并写明工作单位和住址,以便联系。

③ 摘要

摘要又称提要,一般论文的前面都有摘要。设立该项的目的是方便读者概略了解论文的内容,以便确定是否阅读全文或其中一部分,同时也是为了方便科技信息人员编辑文摘和索引检索工具。摘要是论文基本思想的缩影,虽然放在前面,但它是在全文完稿后才撰写的。其摘要所撰写内容大体如下:

a. 本课题研究范围。

b. 研究的主要内容和研究方法。

c. 主要成果及其实用价值。

d. 主要结论。

文摘撰写的要求是:准确而高度概括论文的主要内容,一般不做评价。文字要求精炼、明白,用字严格推敲。文摘内容中一般不举例证,不讲过程,不做工作对比,不用图、图解、简表、化学结构式等,只用标准科学术语、惯用缩写、符号命名。其字数一般不超过正文的5%。近年来,为了便于制作索引和电子计算机检索,要求在摘要之后提出本篇论文的关键词(或主题词),以供检索之用。

④ 引言

引言是一篇科技论文的开场白,它写在正文之前。论文的引言主要用以说明论文的主题、总纲。常见的引言包括下述内容:

a. 课题的提出背景、性质范围、研究目的及其重要性。

b. 前人研究经过、成果、问题及其评价。

c. 概述达到理想答案的方法。

引言一般不分段落,若论文内容较长、涉及面较广,可按上述三个内容分成三个段落。

⑤ 正文

正文是论文的主体,占全篇幅的绝大部分。论文的创造性主要通过本部分表达出来,同时,正文也反映出论文的学术水平。写好正文要有材料、内容,然后有概念、判断、推理,最终形成观点。也就是说,正文应该按照逻辑思维规律来安排组织结构。这样就能顺理成章。正文一般由以下各部分构成:

a. 研究或实验目的。

b. 实验材料(设备)和方法。

c. 实验经过。

d. 实验结果与分析。

⑥ 结论

该部分是整个课题研究的总结,是全篇论文的归宿。一般说来,读者选读某篇论文时,先看标题、摘要、前言,再看结论,才能决定阅读与否。因此,结论写作也是很重要的。撰写结论时,不仅对研究的全过程、实验的结果、数据等进一步认真加以综合分析,准确反映客观事物的本质及其规律,而且,对论证的材料、选用的实例及语言表达的概括性、科学性和逻辑性等方方面面,也都要一一进行判断、推理、评价。同时,撰写时,不是对前面论述结果的简单复述,而要与引言相呼应,与正文其他部分相联系。总之,结论要有说服力,恰如其分。语言要准确、鲜明。结论中,凡归结为一种认识、肯定一种观点、否定一种意见,都要有事实、有根据,不能想当然,不能含糊其辞,不能用"大概""可能""或许"等词语。如果论文得不出结论,也不要硬写。凡不写结论的论文,可对实验结果进行一番深入讨论。

⑦ 致谢

⑧ 参考文献

⑨ 附录

附录是将不便列入正文的有关资料或图纸编入其中,它包括有实验部分的详细数据、图谱、图表等,有时论文写成,临时又发现新发表的资料需补充,可列入附录。附录里所列材料,可按论文表述顺序编排。

以上所谈及的论文写作基本结构格式,适用于大课题、篇幅长的论文,对于小课题、篇幅短的论文，基本结构格式可增减、合分。作者选用时，不能生搬硬套，可依据具体情况，有增减、合分，但最终都要服务于更好地表述论文内容。

(9) 撰写小论文应注意的问题

研究步骤要写得详略得当，实验过程、数据的来历、现象要写清楚，叙述时应有一定的顺序。数据材料要准确，可设计成能说明问题的表格、图解，必要时可附上拍摄的照片、采集的标本等，以增强说服力。获得的结论要有自己独特的见解，并且和论据保持一致，论据要有严密的逻辑性。文字要简洁生动，层次清晰，条理分明。

小论文的初稿完成后，还要反复修改。看开头是否简明扼要，论据是否典型真实，论证是否符合逻辑，论点是否新颖一致，段落是否衔接自然，语言是否通顺准确等。改好后再让同学和老师帮助修改，逐步完善。最后寄往报刊发表或参加各级小论文竞赛。

4 中学科技小论文范文

范文一：

醋对花卉有什么影响

醋是生活中常用的调味品，花卉则能净化生态环境，并美化我们的生活。你是否想过，醋和花卉有什么关系呢？

我们怀着好奇心，开展了这个课题的探究。富有种花经验的人告诉我们，对盆栽花卉施些醋溶液，可改善盆花的生长，增加花朵，而且花艳叶茂。这一点我们在实验中很快就证实了。

浓度不同的醋溶液，对花卉有不同的影响吗？这是我们第二阶段的实验。我们选取长势相同的满天星、报春花、月亮花各四盆，分为四组，每组(三盆)各有三种花卉，分别编号、贴上标签。同时，我们取食用白醋配制成1%(pH值为2～3)、0.01%(pH值≈4)、0.0001%(pH值≈6)三种浓度不同的溶液，每天分别给三组盆花固定喷洒一种醋液，第四组盆花洒不含醋的清水。每五天观察记录花卉的生长情况。

这项实验的结果是：喷洒低浓度醋液(pH值≈6)对这几种花卉没有明显

影响；喷洒中等浓度醋液（pH 值≈4）的花卉明显长得比其他几组好，花苞多，开花期提前，而且花色较浓艳，花期也延长了；喷洒 pH 值 2～3 的高浓度醋液后，反而花朵会过早凋萎。

通过这次实验，我们可以告诉你：种花时适当喷洒一些醋液，可使花卉长得更好。不过要掌握好醋液的浓度，过浓会伤害花卉。

范文二：

树干为什么是圆的

在观察大自然的过程中我偶然发现，树干的形态都近似圆的——空圆锥状。树干为什么是圆锥状的？圆锥状树干有哪些好处？为了探索这些问题，我进行了更深入的观察、分析、研究。

在辅导老师的帮助下，我查阅了有关资料，了解到植物的茎有支持植物体运输水分和其他养分的作用。树木的茎主要由维管束构成。茎的支持作用主要由木质部木纤维承担，虽然木本植物的茎会逐年加粗，但是在一定时间范围内，茎的木纤维数量是一定的，也就是树木茎的横截面面积一定。接着，我们围绕树干横截面面积一定，假设树干横截面长成不同形状，设计试验，探索树干呈圆锥状的原因和优点。

经过实验，我们发现：(1) 横截面积和长度一定时，三棱柱状物体纵向支持力最大，横向承受力最小；圆柱状物体纵向支持力不如三棱柱状物体，但横向承受力最大。(2) 等质量不同形状的树干，矮个圆锥体形树干承受风力最大。(3) 风是一种自然现象，影响着树木横截面的形状和树木生长的高矮。近似圆锥状的树干，重心低，加上庞大根系和大地连在一起，重心降得更低，稳度更大。(4) 树干横截面呈圆形，可以减少损伤，具有更强的机械强度，能经受住强风的袭击。同时，受风力的影响，树干各处的弯曲程度相似，不管风力来自哪个方向，树干承受的阻力大小相似，树干不易受到破坏。

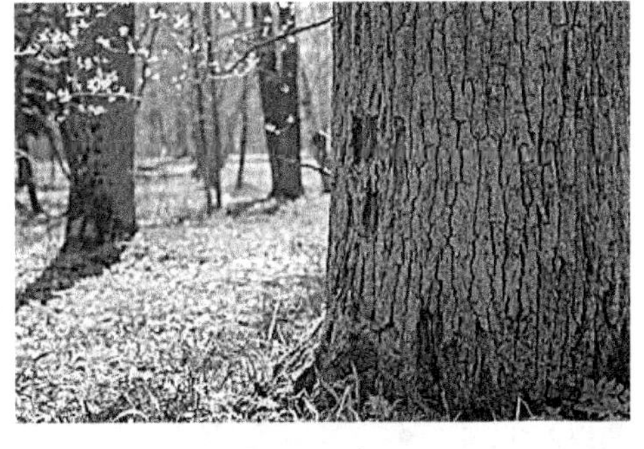

苍劲有力的树干

以上的实验反映了自然规律、自然界给我们的启示：(1) 横截面呈三角形的柱状物体，具有最大纵向支持力，其形态可用于建筑方面，如角钢等；(2) 横截面是圆形的圆状物体，具有最大的横向承受力，类似形态的建筑材料随处可见，如电视塔、电线杆等。

我在观察、试验和分析过程中，逐渐解释、揭示了树干呈圆锥状的奥秘，增长了知识，把学到的知识联系实际加以应用，既巩固了学到的知识，又提高了学习的兴趣，还初步学会了科学观察和分析方法。

范文三：

对乡村小镇利用芦苇湿地进行污水治理的可行性调查

当污水从翠绿的芦苇间流过变得清澈，当昔日的臭水河沼泽地变成今日的聚宝盆，你能相信吗？其实这不是魔术，而是江苏盱眙团结河(洪泽湖沿岸地区)改造的成功案例。

一、团结河污水问题的由来

团结河位于盱眙河西片，经铁佛镇、兴隆乡、淮河镇、明祖陵镇自西北向东南流入洪泽湖，流域面积约 70 平方公里，镇内常住人口达 6 万人，食品工业发达，沿河建有冷藏厂、食品加工厂、粉丝加工厂共 20 余个，日排水高峰时总计可达 500 吨。污水中有机物含量高，经细菌分解后颜色灰暗，产生恶臭气味，鱼虾绝迹，成为一条“死河”。为治理团结河河水的污染，县政府曾采用“限制排水”等措施，但各企业由于利益驱动及生产规模的扩大，一直难以从根本上解决水体污染问题，从而引起局部环境恶化，导致生态失衡。

二、团结河口建芦苇湿地治理污水的措施

团结河一角

在洪泽湖西岸的明祖陵镇，即团结河水汇入洪泽湖的入口处有大片滩涂地。2000 年盱眙某学校科技环保小组对团结河污染状况进行调查时发现，芦苇湿地对污水有很好的净化作用，并提出了“以荒治污”新思路，具体方法是：

在团结河入洪泽湖口处的滩涂地

大片种植芦苇，通过管道将工业污水、生活污水排入该“芦苇湿地”进行净化，水质得到改善后再储蓄利用。

镇政府通过论证考察决定实施并于当年开工。四年来，总计种植芦苇近800亩，利用净化水建鱼塘300亩，储水养鱼、灌溉，形成了投资治污搞创收、创收效益再治污的良性循环，芦苇湿地规模逐步增大。

三、团结河口芦苇湿地治理污水的原理分析

排入芦苇湿地的污水主要通过以下列途径进行净化。

1. 物理作用：污水在湿地中缓慢流动，经过沉淀、水草过滤阻滞、土壤过滤、植物根部吸附等物理作用，可以除去污水中的不溶性固体、胶体悬浮物。

2. 生物作用：通过细菌的分解、芦苇根部对水中氮、磷等植物必需元素的吸收作用，可除去污水中的大量有机物质和矿物质，例如淀粉、生活油脂、氮、磷等；使水富营养化减弱，水生动物增多，逐渐修复生态平衡，加快营养物质的循环。

3. 化学作用：通过缓慢氧化—还原反应，利用光能可进一步分解并除去一部分化学物质，例如农药、不溶性有机物等。

经过测定，排入水样、排出水样理化指标对比如下：

监测项目 水样	酸碱度	悬浮固体数（%）	颜色	气味	大肠杆菌数目（个/mL）	其他有毒物质含量（%）
排入水样	4.5~5.5	8.32	灰暗	腐臭	5000	1.8
排出水样	6.5~7.0	0.57	无色透明	无味	100	0.2

四、建团结河芦苇湿地的效益

1. 经济效益：经湿地处理后，水质达到养殖标准，每年可节约治污费用50万元，彻底解决了河水倒灌问题，阻止了土地盐碱化。同时芦苇按产量1000公斤/亩计算，每吨芦苇价值450元，年产值30万~40万元；水产养殖效益为1200元/亩，受益36万元。

2. 生态效益：通过湿地对生态系统的修复，美化了环境。夏季本地气温比往年偏低近2℃左右，湿度升高，风力减弱；增强了动物多样性。水生动物、两栖类、鸟类大量繁衍，小到翠鸟，大到白鹭、大雁、白天鹅，形成了独特的湿地生物链。

五、通过对团结河利用芦苇湿地进行污水治理的调查结论

通过调查发现，排入芦苇湿地的污水经吸附、吸收，充分利用自然净化功能，能有效治理污水，投资少，受益快。

1. 可以彻底消除水污染隐患，是洪泽湖生态系统的“肾”和“肺”。

2. 可以改善和恢复生态平衡。使经济效益、社会效益、环境效益达到最佳统一。

3. 污水经处理后被最大限度地利用起来，彻底解决可持续发展中的工业、生活用水紧张的困扰，功在当代，利在千秋。

第6章 农村中学应用乡土资源进行生物教学实践的拓展

1. 关于盱眙生态环境污染情况的调查
2. 关于盱眙生物资源及开发利用情况的调查
3. 关于盱眙县马坝镇人群中遗传病的调查

案例1 关于盱眙生态环境污染情况的调查

【活动目标】

1. 调查本地存在的主要环境污染问题

2. 了解本地环境保护的主要措施和方法

(1) 背景资料

第一,水污染严重。盱眙地处淮河下游,淮河是我国污染最严重的河流之一,位于淮河下游的盱眙水质污染也十分严重,随着经济活动的加剧,盱眙的各主要湖泊、地下水都遭受不同程度的污染。污染源主要有工业污水、农业污水、生活废水三种。同时,河湖的富营养化日趋加重,鱼虾等水生生物日渐减少。

第二,空气污染问题日益加剧。大气污染主要与汽车尾气排放剧增有关,一是近年来盱眙汽车量猛增,尾气排放十分严重,且缺乏有效的治理和控制措施;二是盱眙历来粉尘污染比较严重,如官滩镇河桥镇的水泥厂,以及遍布全县各乡镇的开山采石工厂,都缺乏有效的环保监督,造成了严重的粉尘污染,冬季和春季尤其严重;三是每年的秸秆焚烧造成污染。此外,盱眙的酸雨问题也不容忽视。根据调查,盱眙是淮安市酸雨频率最高的县,酸雨频率早在2009年就达到17%,主要是SO_4^{2-}(65.4%)、Ca^{2+}(41.3%)、NH_4^+(29.7%)、NO^{3-}(16.4%)、Cl^-(11.8%)和Na^+(10.9%)等六种离子的综合作用。而盱眙地形特殊,三面环山,西南高东北低,高低相差两百多米,阻碍了空气污染物的沉降,一定程度上也增加了酸雨发生的概率。

第三,噪音污染很大。盱眙的噪音污染主要来源于交通和生活。一是机动车噪声。近十年来,盱眙的机动车数量迅速增长,加之境内道路众多,道路附近的居民深受机动车噪声困扰。二是新建居民区往往集中在商业繁华路段,早起晚睡的商业活动,也严重影响居民休息。三是宠物噪声。盱眙对宠物及家禽饲养缺乏管理,居民区的家养宠物在夜间往往一有风吹草动就吠叫狂鸣不止,严重干扰居民休息。四是装修等施工噪音。由于盱眙的物业管理缺乏规范,因此往往是一家装修,多家受害。另外,如空调外挂机噪音较大,安装位置不合理等,也会影响他人休息。

第四,植被破坏严重,生态环境恶化。随着城镇的扩建,大刀阔斧粗放式

的发展使得盱眙城区绿化面积、森林覆盖面积、野生草地等逐渐稀少，多年的开山采石更大大加剧了植被的破坏。盱眙自古有山城之称，有记载的历史可追溯至先秦。然而近二三十年来，开山采石、滥砍滥伐、城镇粗放扩张等人为因素对山林造成了严重破坏，导致水土流失，生态恶化，有些山体甚至已被削平，昔日的山城风光、果园农场逐渐被光山秃石、空置高楼代替。

第五，农业生态环境污染也很严重。植被破坏导致水土流失，使土壤中有机质流失，土层变薄，而为了农业生产，又更加大量地使用化肥农药，加之家畜家禽粪便随意排放，农业生产生活中没有污水净化措施，污水污物直接排入河流湖泊，造成河道淤积、水质恶化，反过来又导致农业生态环境更加恶化。

第六，生物多样性减少。由于山林资源的破坏、动植物资源的过度开发、城镇扩张、湿地减少、人为乱捕乱杀等诸多因素造成盱眙野生动植物资源急剧下降。如盱眙的野生地皮菜由于受食客喜爱，市价昂贵，导致农民过度采摘贩卖，野生地皮菜变得极度稀少。盱眙各餐馆都存在着大量使用野生蛇、山鸡、青蛙等野生动物作为食材的现象，令本地这些野生动植物种类濒临灭绝，加重了生态问题。由于地形特殊，盱眙存在着低山丘岗平原河湖圩区等多重生态系统，而生态环境的破坏加速造成盱眙天然的多重生态系统被破坏，生物多样性减少的情况非常严重。

【环保任务】

1. 开展大气污染的防治工作，监测酸雨发展情况，坚决取缔没有环保手续的非法工厂。

2. 进行水体治理，严禁未经净化的各类污水排放入河入湖，加强河道治理，保护水资源。

3. 展开城区噪声管理工作，对居民区的家禽家畜、不合理的装修施工等严重干扰居民休息的要严加禁止。

4. 开展土壤保护工作，严禁破坏土壤资源。

5. 坚决查处餐馆食用野生保护动物。

6. 对生态环境有影响的自然资源开发活动要进行严格监督，大力保护野生动植物及各种生态系统。

7. 指导生态农业建设，保护农村生态环境。

8. 对林业资源要加大保护力度,限制开山采石。

9. 加快清洁能源推广,改善能源结构,禁止秸秆焚烧。

10. 引导可持续消费,控制白色污染。

【活动计划】

1. 时间:4 周。

2. 调查内容:生活垃圾的排放情况,官滩镇圣山水泥厂的粉尘排放情况,鹏胜采石场等采石场的开山采石情况,野生地皮菜采摘销售情况,农村学生家中秸秆焚烧情况,身边的河流、湖泊、滩涂的污染情况,餐馆销售野生食材情况,酸雨治理情况,等等。

3. 调查方式:课外调查,走访环保部门。

4. 参与调查人员:高一年级 10 个班,每班编成 8 个小组。

5. 活动过程

(1) 制订计划,组内分工。

(2) 查阅相关资料。

(3) 实际调查:生活垃圾排放情况,自己所住区域的噪声情况,圣山水泥厂的粉尘污染,盱城镇、穆店镇等开山采石现状,野生地皮菜采摘、市价等情况,秸秆焚烧状况,淮河、洪泽湖及学生家庭附近的河流湖塘、滩涂湿地污染调查,全县各乡镇餐馆、饭店野生食材制售情况,走访县环保局,等等。

(4) 各小组填写报告,各班级汇总本班数据。

(5) 各班交流讨论。

(6) 展现成果。

6. 活动总结

学生对此项课题兴趣很大,参与度比较高,调查成果也比较丰富,充分发挥了学生的主动性,但也有个别同学比较敷衍,没有调查到真实情况,直接抄录其他同学的调查成果。总体来说达到了预期目标,通过这项活动,加强了学生对生态环境污染的认识,同时也让学生切实地走入生态系统,去观察比较本地多种多样的生态系统,提高了学生的认知和辨析能力,增强了学生合作学习、交流沟通,以及去课外收集资料的能力。

学生活动部分摘选:

污染类型	实例情况	造成原因	应对措施
生活垃圾			
粉尘污染			
开山采石			
秸秆焚烧			
水质污染			
地皮菜			
野生食材			
酸雨			
噪声			

案例❷　关于盱眙生物资源及开发利用情况的调查

【活动目标】

1. 了解盱眙生物资源的分布情况。

2. 了解盱眙已开发应用的生物资源开发利用情况及前景。

3. 培养学生的学习探究热情,发现家乡的资源优势,激发学生热爱家乡的热情。

【背景描述】

特殊的地理位置、地形和地貌特征,使得盱眙具有丰富的可利用的生物资源。生物资源:主要有狼、獾、狐、兔、黄鼬、草獐,以及 10 目 23 科 51 种鸟类等野生动物,洪泽湖和淮河盛产龙虾、鳊、鳇、鲤、鲫、银、黄鳝等各种水生动物。中药材资源:主要有野生药用植物 738 个品种,药用动物 42 个品种,蜈蚣、灵芝、黄精、猫不草等珍稀名贵药材和丹参、山楂、桔梗、柴胡、白头翁等常规药材远销省内外。林木资源:现存树种计 65 科 232 种。新发现的树木有漆树、毛叶欧李、迎春花、野核桃、羽叶泡花树、湖北楂、毛木来、红脉钓樟、中华石楠等。铁山寺森林公园内还发现有栾树、无患子、重阳木、椴树等稀有树种。牧草资源:全县有 4.4 万公顷草山、草坡,牧草品种主要有禾本科黑麦草、牛尾草、羊茅、黄背茅、青香茅、白茅、荩草、狗尾草、鸡脚草等。

通过对已经开发利用的生物资源进行考察，同学们可以进一步认识生物资源的价值，激发思考，以便将来逐步挖掘出盱眙生物资源的潜力，发挥盱眙生物资源的优势。

【活动计划】

1. 活动时间：4 周，每周 2 天。

2. 调查内容：了解盱眙范围内的生物资源概况，着重考察盱眙县仙子阿已经开发利用形成一定规模或者具有一定影响力的开发项目。了解他们开发现状和发展前景。

3. 调查方式：实地观察，考查本地的养殖基地、制药厂。

4. 参与人员：生物老师及高一部分学生，分成 4 个组。

【活动步骤】

步骤一：确定课题

每个小组根据具体的任务，确定子课题，即确定调查对象。

步骤二：查阅资料

每个小组根据自己的子课题，可以利用图书馆、网络等查阅相关内容，了解调查对象的基本情况，为调查相关内容提前做好课题准备。

步骤三：实践活动

1. 第一组主要考察盱眙官滩乡的满江红龙虾养殖基地和古桑的中华鲟养殖基地。了解龙虾和中华鲟目前的开发项目、产业规模和发展前景。

2. 第二组专门赴铁山寺、桂五镇和王店乡实地考察葛藤和野马追的生长情况，并赴工业园区的工厂实地考察葛藤的加工流程，特别是盱眙安格药业对野马追的开发。了解他们对这些植物的药用价值的开发现状的前景。

3. 第三组赴盱眙观音寺乡实地考察深受广大市民喜爱的双色冰激凌西瓜的栽培过程以及市场前景。向农技师咨询无籽西瓜培养的一般操作步骤、培养基的配置和注意事项，以及脱毒苗的获得和花药离体培养等生物技术问题。

4. 第四组赴旧铺镇雨山茶场实地考察雨山茶从采摘到烘焙成茶叶的整个工业流程，了解相关情况。

步骤四：完成报告

每个小组撰写调查报告，并且对于其调查的项目进行市场评估，即将来在这些生物上还有哪些方面可开发的，以及盱眙还有哪些具有开发潜力的生物资源。

步骤五：讨论交流

对各自形成的报告进行讨论，汇总成共案，在盱眙相关部门进行推广，并给盱眙的招商引资部门提供建设性的建议，为盱眙的进一步发展做出贡献，为我国2020年的全民收入翻一番的目标做出自己的贡献。

步骤六：成果展示

为了让其他同学更多地了解盱眙生物资源的开发利用情况和开发前景，把有关的数据制成表格，并把所有掌握的资料整理成册，把关于盱眙生物资源的特色、开发利用情况及前景全部内容以章节的形式呈现，汇编成校本教材，供学生阅读。

案例③　关于盱眙县马坝镇人群中遗传病的调查

【活动目标】

1. 知识目标

（1）通过调查分析，使学生了解某些人类遗传病的发病情况；

（2）通过分析调查结果，加深学生对遗传病的理解，以及对遗传病危害的认识。

2. 能力目标

（1）通过调查实践，培养学生接触社会并从社会中直接获取资料的能力；

（2）通过调查实践，使学生初步学会调查和统计人类遗传病的基本方法；

（3）在调查结果的交流和讨论中，提高学生的信息交流能力、发布能力和语言表达能力。

3. 德育目标

（1）在调查实践中，培养学生的团队精神、探索精神和实事求是的科学态度；

（2）通过组织学生交流调查结果，使学生受到人口素质教育和环境保护教育；

（3）通过调查活动，培养学生对遗传病患者的理解、尊重和关爱。

【教学活动手段】

计算机：展示学生的调查结果和调查报告。

【教学方法】

调查研究法。

【教学重点和难点】

1. 确定研究的子课题；

2. 指导学生制定调查方案；

3. 辅导学生完成调查报告。

【教学过程】

1. 调查过程流程

（1）准备阶段：第 15 周（5 月 23 日—5 月 29 日）

① 在课下，在教师的组织下，学生以自由组合的方式组成不同的调查小组，将班级人数分成 3 个小组，每组人员 12 人，推选出组长。

② 根据研究性课题的题目，师生一起确立可供调查的子课题。经过讨论，确定调查的课题：中学生深度近视的发病情况、色盲的发病情况。

③ 每组自选一个课题，承担一个子课题的调查任务。

④ 师生一起联系有关学校的卫生室，保证调查的实用性、可靠性。

（2）实施阶段：第 16、17 周(6 月 1 日—6 月 14 日)

① 指导学生完成、完善调查方案。

各调查小组在确立调查的具体课题后要经过小组讨论制定出本组的调查方案，教师在听取各组的汇报后，与学生一起讨论方案的可行性，指出可能存在的问题与注意事项。

② 实施调查方案，对整个调查过程进行监控。

在学生实施调查方案过程中，教师要及时听取学生的反馈意见，了解调查的进展、调查中遇到的困难、存在的问题等，及时加以协调和解决，保证调查的顺利进行。

（3）总结阶段：第 19 周(6 月 15 日—6 月 21 日）

① 指导学生独立完成调查报告。

调查结束后，帮助学生正确处理调查到的信息资料和调查数据，对信息资料进行科学的加工、整理，完成调查报告。

② 调查报告的呈现形式。

具体呈现形式可充分发挥学生的想象力和创造力，不强求一致。

③ 组织好调查结果的分析与交流。

2. 本节课的内容

（1）各小组汇报自己的调查结果：分 4 个小组

第一、二小组：课题——红绿色盲的调查

调查目的：通过调查实践，让学生走进社会，获得课本以外的知识；通过社会调查，让学生了解社会人群中红绿色盲的发病率。

调查方法：实地调查

调查对象：社会人群

第三、四小组：课题——深度近视的调查

调查目的：中学生中戴眼镜的比例越来越大，深度近视的也不少，给学习、生活带来很大的不便，为此，通过调查，探个究竟。

调查方法：问卷调查

调查对象：在校中学生

教师对学生展示的调查结果进行点评。

（2）分析、讨论调查结果

教学评价(评价表)

评价小组：____________　评价人：____________　评估时间：__________

评价内容及权重	自我评价	其他评价				教师评价
		组 1	组 2	组 3	组 4	
人员分工及团队合作						
参与研究性学习的态度						
调查报告符合规定的格式要求						

续表

评价内容及权重	自我评价	其他评价				教师评价
		组 1	组 2	组 3	组 4	
报告中有详细的数据统计及各种材料						
发现问题、解决问题的能力						
数据转化能力						
报告人的仪态、精神面貌和表达能力						
问、答问题的积极性						
成果形式的新颖性、形象性						
语言表达的条理性、准确性						
总评						

说明：

（1）每一个项目的评价，按 A、B、C（优、良、中）三个等级进行。

（2）总评，在 10 个项目中，有 8 项获得 A 级，可评为优；6 项获得 A 级，4 项获得 B 级，也可评为优；10 项获得 B 级，也可评为优。

参考文献

［1］中华人民共和国教育部：《普通高中生物课程标准（实验）》（第1版），人民教育出版社，2003年。

［2］陈俊雄：《中学生命科学教学论》（第1版），陕西师范大学出版社，1997年。

［3］李沧：《美国中学的生物课程和教材》（第1版），人民教育出版社，1986年。

［4］黄玮：《提高高中生物学教学有效性的策略探究》，《中学生物学》，2009年第4期。

［5］鲁洁：《教育学》（第1版），河海大学出版社，1994年。

［6］李其柱：《“情境·问题·自主·应用”教学模式及其应用》，《中学生物学》，2009年第11期。

［7］叶惠良：《高中生物探究性课程资源开发的实践研究》，《中学生物教学》，2009年第11期。

［8］许敬良：《高中学生科学素质培养的实践和探索》，《中学生物学》，2009年第11期。

［9］姚碧林：《农村初中生物科技活动校本课程的开发与实践》，《中学生物学》，2009年第12期。

［10］王志红：《高中生物探究实验教学中学生合作技能形成探究》，《中学生物学》，2009年第12期。

［11］邓薇：《落实生物活动课实效　扎实发展学生综合张力》，《中学生物学》，2009年第12期。

［12］陈勇：《生物实验教学中培养学生主体性的实验研究》，《中学生物学》，2009年第12期。

［13］丘小红：《在选修教材教学中培养学生的质疑精神》，《生物学教学》，2010年第1期。

[14] 宋元波:《浅谈生物资源在教学中的利用》,《生物学教学》,2009 年第 7 期。

[15] 曾兴友:《生物课堂教学提问的技巧》,《生物学教学》,2007 年第 8 期。

[16] 刘本样:《例析高中生物探究性学习的类型》,《中学生物学》,2006 年第 9 期。

[17] 朱慕菊:《走进新课程与课程实施者对话》(第 1 版),北京师范大学出版社,2002 年。

[18] 汪凤炎,燕良轼:《教育心理学新编(修订版)》,暨南大学出版社,2006 年。

[19] 汪忠:《新编生物学教学论》(第 1 版),华东师范大学出版社,2006 年。

[20] 王海燕:《新课程的理念与创新》(第 1 版),北京师范大学出版社,2002 年。

[21] 许俊良,陈东:《走进研究性学习课程》(第 1 版),中国文史出版社,2006 年。

[22] 李加农,陆岳新:《中小学研究性学习读本》(第 1 版),教育科学出版社,2002 年。

[23] 钟启泉,安桂清:《研究性学习理论基础》(第 1 版),上海教育出版社,2003 年。

[24] 钟启泉,张华立,等:《为了中华民族的复兴,为了每位学生的发展》(第 1 版),华东师范大学出版社,2001 年。

[25] 汪忠:《生物新课程教学论》(第 1 版),高等教育出版社,2003 年。

[26] 杨守菊:《新课程生物课堂中学生有效探究的思考和实践》,《中学生物教学》,2007 年第 8 期。

[27] 王永胜,等:《课程标准与教学大纲对比分析》(第 1 版),东北师范大学出版社,2005 年。

[28] 张玉坤:《对当前生物课堂教学实践的再思考》,《中学生物教学》,2005 年第 1 期。

[29] 沈之菲:《研究性学习的评价》,《中小学教育》,2001 年第 11 期。

[30] 张人红:《对研究性学习课程评价的思考和实践》,《中小学教育》,

2001 年第 11 期。

［31］张德银:《“探究性”学习中的教师的作用》,《现代中小学教育》,2002 年第 1 期。

［32］王达群:《高中研究性学习的评估》,《现代中小学教育》,2002 年第 1 期。

［33］冉祥华:《试析教师及其角色》,《黄淮学刊》,1995 年第 3 期。

［34］胡军哲:《“研究性学习”中教师的角色更新》,《课程 · 教材 · 教法》,2000 年第 6 期。

［35］宋广文:《研究性课程理论与实践》(第 1 版),山东人民出版社,2002 年。

［36］张人红,李建民:《研究性学习管理用书》(第 1 版),广西教育出版社,2002 年。

［37］严久:《着眼于学生方式的转变》,《中小学教育》,2001 年第 8 期。

［38］陈建新:《中学生物探究性实验教学模式初探》,《生物学杂志》,2008 年第 4 期。

［39］左开俊,戈志强:《对农村中学生物探究教学的分析与思考》,《中学生物学》,2008 年第 6 期。

［40］李先明:《综合实践活动与生物科学素养培养整合策略》,《中学生物学》,2008 年第 8 期。

［41］田慧生:《综合实践活动的性质、特点与课程定位》,《中学生物学》,2001 年第 10 期。

［42］程志龙,和红昀,吴志超:《浅谈综合实践活动评价的新理念》,《中学生物学》,2005 年第 6 期。

［43］於剑:《生命教育在生物教学中的渗透》,《中学生物学》,2009 年第 1 期。

［44］钱俊瑞:《注重情感态度教育　培养良好的价值观》,《中学生物学》,2009 年第 1 期。

［45］汪勇利:《“情境—问题—探究”教学模式有效尝试》,《中学生物学》,2009 年第 1 期。

［46］吴旭龙:《开展生物实践活动,提高学生综合素质》,《教学研究》,2005 年第 7 期。

[47] 王建华:《试论马克思主义理论创新必须坚持实践第一的观点》,《中共福建省委党报学报》,2005 年第 10 期。

[48] 姚二梅:《生物学实验教学改革与创造性思维培养》,《中学生物学》,2008 年第 5 期。

[49] 陈清辉:《高中生物实验教学中学生实验分析能力的培养》,《中学生物学》,2008 年第 9 期。

[50] [美]Bill Johnson:《学生表现评定手册》(第 1 版),李雁冰译,华东师范大学出版社,2001 年。

[51] [美]Ellen Weber:《有效的学生评价》(第 1 版),国家基础教育课程改革“促进教师发展与学生成长的评价研究”项目组译,中国轻工业出版社,2003 年。

[52] F. Severcan, A. Ozan, P. I. Haris. Development of Biotechnology Education in Turkey. Biochemistry & Molecular Biology Education, 2000, 28(1).

[53] 钱俊瑞:《适时开展生物实践活动,提高生物应用能力》,《中学生物学》,2013 年第 3 期。

[54] 钱俊瑞:《关于高中生物实践活动校本课程开发的思考》,《中学课程辅导(江苏教师)》,2013 年第 9 期。

[55] 钱俊瑞:《例谈高中生物学实践活动的类型和实施策略》,《生物学通报》,2015 年第 8 期。

[55] 钱俊瑞:《充分挖掘乡土资源　开展生物学科技实践活动》,《生物学教学》,2015 年第 12 期。

[56] 钱俊瑞,王书识:《乡土资源与高中生物实践活动整合的 WSW 模式的实施与思考》,《中学生物学》,2017 年第 10 期。

后　记

相遇在研究的路上

教学课题研究是教学研究的最高境界。

我从2006年开始做课题研究，首先从教学中的问题出发，将从教学中梳理出的问题加以整理，提炼出有价值的问题，通过查阅相关资料确定为研究主题，然后进行论证，再加以提升作为研究课题，进而制订研究目标、确定研究内容、设计研究方案并实施，最后将研究的所得加以应用和推广。在十多年的研究过程中，边走边学，从中既体会到了趣味，也经历了困惑和艰辛。

从县级课题到市级课题，再到省级课题，我研究的课题内容都与生物学科教学的实践活动有关，如2008年结题的淮安市"十一五"规划课题(青年专项)"高中生物实践活动的方法和途径研究"、2010年结题的华东七省市课题"'分切块、自主探究'教学模式个案研究"、2013年结题的淮安市"十二五"规划课题"高中生物校本课程的开发研究"、2017年结题的江苏省"十二五"教育规划课题"农村高中生物实践活动与乡土资源整合的研究"等。这十多年的生物教学课题研究中，我有几点深深的感受：

一、最有意义的学习是在实践中学习

学习在很大程度上是通过各种各样的实践活动积累经验并提升能力的过程。对于生物学这样的自然科学尤其如此。

有这样一个故事：有一个叫作渔王的人，捕鱼的技能太强了，甚至被誉为渔神。他有三个儿子。这三个儿子从小跟随他出海，但是，捕鱼的技能却还是在一般人之下，更不用说和他们的父亲相比了！所以，渔王特别沮丧。

后来，来了一位哲人，问渔王："这三个孩子，从什么时候开始跟您学习捕鱼的?”渔王说:“他们从小就在船上长大,他们没有离开过船。”

哲人问:“孩子们都是跟您学习捕鱼技术吗?”渔王说:“从小我手把手地教他们,一丁点闪失都没有。我总是把我最重要的诀窍毫无保留地教给每一个儿子。”

哲人问:“孩子们自己捕鱼的时候都在哪儿?”渔王答:“当然在我船上。因为我给他们把关,他们就不可能有闪失。我总告诉他们,哪种征兆会有大鱼,怎样起网会有最好的收获。”

问完这三个问题,哲人就告诉渔王:“您这三个儿子的悲哀就在于他们的一切都被您安排好了。他们得到了您的经验,但他们缺少的是捕鱼的教训。他们没有离开过您自己去实践,他们不知道坎坷和困难,所以没有教训。您一生总结出来的经验和教训,对于他们来讲,只不过是平庸的教条。”

这个故事告诉我们,实践往往是取得人生进步的有效途径,离开实践,单纯的理论是没有真正价值的!

二、最有潜力的生物教学资源是乡土资源

生物学是以实践和实验为基础的自然科学,乡土资源可以为生物学提供多种多样的实践和实验的机会和条件。乡土资源在生物学教学中有如下特点:

1. 资源种类丰富。各个地方都有多种多样的生物资源和生态资源,可为中学生物教学提供多种实践需要。

2. 富有特色。不同的地方资源的种类和数量有差异,往往有很多特色资源是其他地方所没有的。

3. 获取方便。乡土资源便于就地取材,获取比较方便。

4. 经济实惠。相对于外地资源来说,本地的乡土资源在使用时减少了运输等成本,所以使用成本低,经济实惠。很多资源还可以在教学使用的过程中重复使用,并且也利于更新。

在生物学教学中使用乡土资源,同时也有利于加强乡土资源的开发和保护。

使用乡土资源进行生物教学实践,还可以在运用过程中培养师生热爱家乡、关心家乡、支持家乡、回报家乡的情感。

三、最美的相遇是智慧的相遇

在十多年的课题研究中,我结识并结交了诸多生物学科的教学同仁们,与他们在研究中相互学习、相互探讨、相互提高，无论是专业知识还是综合能力都有了飞速的提升。是团队的力量浇铸了我的研究整个过程，是集体的智慧提升了我的教育视野，是共同的教学智慧实现了我的研究梦想，让我在学习和实践中领悟了很多教学方法、教学策略和教学智慧，我深深地感受到：个人只能产生小智慧，合作才能铸就大智慧！本书就是在集体智慧的孕育下诞生的。

这本《乡土资源　润泽智慧——农村中学应用乡土资源进行生物教学实践的拓展》是江苏省“十二五”规划课题“农村高中生物实践活动与乡土资源整合的研究”（项目号：D/2015/02/043）的主要研究成果，感谢江苏省马坝高级中学作为研究基地为课题研究提供了大量的研究资源。马坝高级中学的生物教师工作敬业、师德高尚、业务精湛、团队合作意识强，是我们学习的楷模；马坝高级中学的学生真诚好学、积极上进、乐于思考、探索意识强，具有优良的发展潜力！

这里尤其要感谢马坝高级中学的戴青、孙高宏、王军、戴金海、杨帆、张林松、程刚等老师在课题研究过程中的积极参与和大力支持。

本书在编写过程中，还得到了盱眙县都梁中学、盱眙县实验中学生物组的大力支持，很多优秀的生物教师为我们提供了优秀的研究素材，实验中学沈后方老师选择素材时花费了很大的精力！在此一并表示感谢！

因时间仓促，有些地方未能做更为深入的理论梳理，故难免会有不够成熟和需要改进之处，敬请读者批评指正。

钱俊瑞

2017 年 12 月 12 日